Vale a pena Amar

Vale a Pena Amar
Copyright by © Petit Editora e Distribuidora Ltda., 2008
4-02-20-1.000-22.000

Coordenação editorial: **Ronaldo A. Sperdutti**
Capa: **Júlia Machado**
Imagem da capa: **Bellemedia / Dreamstime.com**
Diagramação: **Ricardo Brito**
Revisão: **Luiz Chamadoira**
Auxiliar de revisão: **Adriana Maria Cláudio**
Impressão: **Mark Press**

Dados Internacionais de Catalogação na Publicação (CIP)
(Câmara Brasileira do Livro, SP, Brasil)

De Lucca, José Carlos.
Vale a pena amar / José Carlos De Lucca. – São Paulo : Petit, 2008.

ISBN 978-85-7253-164-1

1. Amor 2. Auto-ajuda 3. Caridade 4. Espiritismo
I. Título.

08-02225   CDD: 133.901

Índices para catálogo sistemático:
1. Amor : Ensinamento espírita   133.901

Direitos autorais reservados.
É proibida a reprodução total ou parcial, de qualquer forma
ou por qualquer meio, salvo com autorização da Editora.
(Lei nº 9.610, de 19 de fevereiro de 1998.)
Traduções somente com autorização por escrito da Editora.

Impresso no Brasil.

Prezado leitor(a),
Caso encontre neste livro alguma parte que acredita que vai interessar ou mesmo ajudar outras pessoas e decida distribuí-la por meio da internet ou outro meio, nunca deixe de mencionar a fonte, pois assim estará preservando os direitos do autor e conseqüentemente contribuindo para uma ótima divulgação do livro.

Vale a pena Amar

José Carlos De Lucca

Av Porto Ferreira, 1031 - Parque Iracema
CEP 15809-020 – Catanduva-SP
Fone: 17 3531.4444

www.petit.com.br | petit@petit.com.br

Livros do autor José Carlos De Lucca:

– *Sem Medo de Ser Feliz*
– *Justiça Além da Vida*
– *Para o Dia Nascer Feliz*
– *Com os Olhos do Coração*
– *Olho Mágico*
– *Atitudes para Vencer*
– *Força espiritual*
– *Vale a pena amar*

Veja mais informações sobre o autor no *site*:
www.jcdelucca.com.br

> O autor cedeu os direitos autorais desta obra à Creche Perseverança VIII – Lar Emmanuel localizada na Rua Redução de Caaguaçu, 195, Jd. Vera Cruz, São Paulo – SP.

*Para OLÍVIA FERREIRA,
cuja mediunidade é uma estrela luminosa
em meu caminho espiritual.
Sei que nas esferas de luz onde se encontra,
sua estrela continua brilhando.*

*Dedico também este livro a
TANIA GASPAR: ontem seus livros
ensinavam; hoje eles também sustentam
alicerces da nossa educação espiritual.*

"– CHICO XAVIER, eu quero que você pergunte a Emmanuel, pois necessito de uma orientação. Eu sinto um vazio enorme dentro do meu coração. O que me falta, meu amigo? Eu tenho uma profissão que me garante altos rendimentos, uma casa muito confortável, uma família ajustada, mas sinto que ainda me falta alguma coisa. Nada consegue preencher o vazio que vai dentro de minha própria alma. O que me falta, Chico?
O médium, olhando-o profundamente, ouvia a voz de Emmanuel, que lhe respondeu:
– Fale a ele, Chico, que o que lhe falta é a alegria dos outros!"[1]

---

1. Chico e Emmanuel, Carlos A. Baccelli, Casa Editora Espírita, Pierre-Paul Didier, Votuporanga, SP. (Nota do Autor)

AGRADEÇO AOS amigos Hilário Rocha, Jonas Pinheiro e Paulo Sérgio Gaspar o inestimável apoio que me prestam ao cumprimento da minha tarefa espiritual.

Sumário

Prefácio 13

O poder das latinhas 17

Criança carente? 22

Canetas 26

Arroz de ontem 30

Grão de areia 41

O bem que voltou 47

Entrevista no Além 52

Uvas e figos 60

Anjos dormindo 65

Aceita um cafezinho? 73

Nossas moedinhas... 78
Para quem serve a palestra?.. 83
Diante do espelho.. 89
A fonte da juventude... 103
Quero ser um cisco 110
Encontro no cemitério 115
A resposta do céu 127
Teatro da vida.. 131
Brilhe a sua luz 138
Escolhas 146
Vale a pena amar 155

Prefácio

VALE A PENA AMAR é um livro extraído da minha experiência e da de outras pessoas que conheci ao longo da jornada espiritual iniciada já na adolescência. As histórias narradas são verídicas, exceto os nomes, locais e características individuais, que foram modificados para proteção da privacidade dos respectivos protagonistas.

Meu propósito foi o de mostrar que todos somos pessoas amorosas, iluminadas, embora nem sempre deixemos nosso amor brilhar. Confesso que o livro me ajudou a recuperar a própria luz que andava perdida em meio a tantos conceitos mórbidos sobre a nossa condição espiritual. Não consigo acreditar em qualquer religião que, a pretexto de nos aproximar de Deus, coloca-nos, sim, num poço sem fundo apagando nossa luz interior.

As histórias deste livro narram momentos da vida cotidiana em que pessoas comuns como nós escolheram ligar o interruptor do amor, do otimismo, da generosidade e do perdão. Elas escolheram o amor e por isso deixaram a luz resplandecer. Com isso tornaram suas vidas ricas de alegria, saúde e felicidade. O livro também registra episódios cujos personagens preferiram ficar no quarto escuro do ódio, da mágoa, do egoísmo e do desamor. Sofreram porque não colocaram a mão no interruptor do amor.

Agradeço a Deus por essas histórias, elas me ajudaram a perceber que a felicidade é o resultado das nossas escolhas diárias. O amor não surge repentinamente em nossa vida, não é algo que vem de fora, como se fosse uma entidade a nos incorporar. O livro mostra que o amor é uma escolha diária que fazemos a cada minuto da existência, sobretudo nos momentos mais simples e corriqueiros, como nos instantes em que o sofrimento nos visita. Amar é verbo que, uma vez conjugado, faz surgirem dias felizes em nosso caminho.

Nosso presente é o resultado das escolhas que fizemos ontem, da mesma forma que nosso futuro será decorrência das escolhas que hoje estamos fazendo. Neste exato momento você está construindo seu porvir. Este é o nosso maior tesouro, o poder de escolher os caminhos que nossos passos irão seguir. Mesmo que estejamos atravessando um mar de dificuldades, se conseguirmos mudar o leme do nosso barco, escolhendo novos hábitos positivos, sejam eles físicos, emocionais ou espirituais, haveremos de experimentar dias felizes por simples conseqüência das nossas novas opções. Escolher é exercitar a auto-responsabilidade.

Escolher o amor e não o ódio.

Escolher a saúde e não a doença.

Escolher o perdão e não a mágoa.

Escolher a caridade e não a indiferença.

Escolher a generosidade e não a mesquinhez.

Escolher a amizade e não a solidão.

Escolher a felicidade e não carmas imaginários de dor e sofrimento.

Escolher ver a luz em cada um e não as imperfeições ainda tão naturais da nossa condição humana.

Escolher a responsabilidade e não a culpa.

Escolher se enxergar como espírito rico de potenciais e não como alguém eternamente marcado por limitações e defeitos.

Não por outra razão Jesus pede para que nossa luz brilhe diante dos homens (Mateus, 5: 16). Isso somente será possível quando decidirmos amar. Quando amamos, somos pessoas iluminadas, felizes, ficamos de bem com a vida. Há mais de dois mil anos, Jesus nos fez o convite para, neste mundo de tanto egoísmo, sermos aqueles que amam. Espero que este livro o ajude a aceitar essa proposta.

JOSÉ CARLOS DE LUCCA

O poder das latinhas

HÁ TEMPOS CONHECIA o Romildo. Homem austero, fez carreira militar exercendo elevados postos na corporação. Intrigava-me, no entanto, vê-lo plenamente identificado com tarefas beneméritas, exercendo-as com extrema candura. Como podia aquele homem de aspecto tão severo se dedicar com tanta humildade e doçura ao bem do próximo? Romildo não media esforços para recolher sucata e vendê-la a empresas de reciclagem e, com o dinheiro arrecadado, socorria instituições de caridade. Latinhas vazias de refrigerante e cerveja, que costumamos mandar para a lata do lixo, Romildo as transforma em alimento que sacia estômagos vazios. O amor tem dessas coisas, faz o milagre da multiplicação de pães e peixes repetir-se todos os dias.

Com freqüência, boa parte do dinheiro obtido com a venda de latinhas vem sendo destinada a uma instituição que abriga crianças especiais em regime de internato. Durante muitos anos, as latinhas do Romildo transformam-se em carne, batatas e legumes para a sopa das crianças, a única comida que elas conseguem deglutir.

Era uma quarta-feira de muito frio em São Paulo e eu sentia-me cansado, um tanto desanimado pela carga excessiva de problemas que me abatia. Reconhecia-me queixoso demais, não suportava a mim mesmo de tanto azedume. Julguei que deveria quanto antes participar de uma reunião espiritual para renovar o ânimo. Quem sabe um passe pudesse afastar a irritação e a apatia que me prostravam.

Deixei o trabalho depois das dezenove horas e fiquei pensando onde poderia encontrar um grupo que servisse a meus propósitos. Foi aí que me lembrei do Romildo. Todas as quartas ele reúne familiares e alguns poucos amigos para estudo do *Evangelho* e aplicação de passes. A reunião ocorre num local muito simples, um quartinho nos fundos de sua casa. Não tive dúvida: Romildo era a porta que eu deveria procurar naquela gélida noite.

Fui recebido pelo grupo com expressões de alegria e contentamento. Acomodei-me. Depois de formosa prece, Romildo fez a leitura do capítulo 15 de *O Evangelho Segundo o Espiritismo*, de Allan Kardec, intitulado "Fora da caridade não há salvação". Cada participante da reunião era chamado a dar sua interpretação sobre a leitura, e fui me surpreendendo com tanta sabedoria que saía da boca de pessoas simples e sem cultura, dotadas de imenso amor no coração.

Uma delas estava muito enferma, chegou à reunião com dificuldades para andar, e pediu a palavra para seus comentários. Fixei meu pobre olhar no que ela iria dizer, pois imaginei que fosse derramar lágrimas de reclamação. Pensei que ela fosse como eu. Enganei-me. A senhora esbanjava otimismo e alegria e, olhando seriamente para mim, por certo penetrando-me os pensamentos em desequilíbrio, afirmou que a caridade era o seu maior amparo na árdua jornada dos 70 anos de existência. Contou-nos que sua maior alegria vinha da alegria que conseguia proporcionar aos necessitados.

– Quando enxugo uma lágrima – afirmou, emocionada – sinto que Deus também enxuga as minhas.

Soube, depois, que ela era eficiente cooperadora do Romildo no trabalho das latinhas.

A lição caíra-me como uma luva. Percebi que fazer o bem faz primeiramente bem a quem o pratica. Os benefícios são inúmeros. Inicialmente, esquecemo-nos momentaneamente dos próprios problemas quando estamos socorrendo quem sofre mais do que nós, e isso favorece o relaxamento das tensões decorrentes da fixação obsessiva em nossas dores. Mais relaxados, criamos condições favoráveis a encontrar soluções criativas para nossas dificuldades. Você já reparou que as saídas para os obstáculos surgem muitas vezes quando estamos distraídos, geralmente pensando em outras coisas? Quantas soluções encontramos, por exemplo, na hora do banho ou ao despertarmos pela manhã?

Além disso, ao tomarmos contato com as dores alheias, percebemos que não somos os únicos a passar por momentos difíceis. Quase sempre julgamos que nossa dor é a maior, que somente nós temos problemas, que nossas dificuldades são insuperáveis. E quando encontramos pessoas com ânimo e fé enfrentando desafios maiores que os nossos, ficamos envergonhados de tanto nos queixar por situações que, na verdade, não são tão graves assim. Acredito firmemente que a caridade nos ajuda a sair da condição de vítimas do destino.

E foi assim que a reunião me trouxera forças para enfrentar os desafios do caminho, sempre acreditando nas palavras de Jesus de que deveríamos fazer a nossa luz brilhar, isto é, fazer os nossos potenciais florescerem acima de quaisquer obstáculos que venhamos a enfrentar. A caridade é um exercício que nos ajuda a reconhecer a própria capacidade de superar aflições. Enfim, a reunião me dera tudo o que eu precisava para sair do desânimo.

Ao me retirar, já com novas disposições espirituais, Romildo acompanhou-me até o portão. Fomos conversando sobre a profundidade dos ensinamentos da noite. Como se estivesse desejando me dar a lição final, por certo inspirado pelo Alto, meu amigo narrou-me o seguinte caso.

— Sabe, De Lucca, faz alguns anos tive um grave problema no coração. Fui operado e permaneci vários dias na UTI. Vi-me face a face com a morte. Lembro-me de que, ainda na UTI, com alguma lucidez espiritual, ouvi os médicos dizerem que meu caso era grave e que já haviam feito tudo o que era possível. Um deles até ironizou dizendo que minha ficha já havia sido puxada nos arquivos do céu.

"Desesperei-me quando os médicos disseram que eu estava nas mãos de Deus. Senti que a morte se aproximava, que estava de malas prontas para partir. Muito aflito, lembrei-me de Deus e orei como nunca pedindo socorro. Passados alguns minutos da oração, tive uma visão espiritual surpreendente. Vi pairando sobre meu leito as crianças da instituição para a qual eu levava os alimentos adquiridos com o dinheiro da sucata. Identifiquei-as porque elas traziam latinhas de refrigerante nas mãos. Estavam todas muito alegres. Olhei-as, surpreso com a visita, e notei que elas fizeram um círculo ao meu redor e me apontavam para as latinhas, dizendo: 'Não se preocupe, tio, confie na recuperação, pois as latinhas colocaram a sua ficha de volta no arquivo de Deus'. Adormeci e, a partir de então, fui melhorando a cada dia, para grande surpresa dos médicos. E aqui estou até hoje, continuando a vender minhas latinhas."

Romildo me deu um abraço e se foi. Ficou comigo a lição de que, em meio às tempestades da vida, às vezes uma simples latinha pode fazer toda a diferença.

Criança carente?

EU HAVIA SIDO convidado a proferir uma palestra no Centro Espírita Perseverança, em São Paulo, dirigido pela abnegada Guiomar Albanese. Era a primeira vez que falaria naquele pronto-socorro espiritual, que recebe diariamente almas desnorteadas vindas das mais longínquas regiões da cidade. Ao entrar, assustei-me com a quantidade de público: mais de cinco mil pessoas ansiavam por uma mensagem capaz de restaurar-lhes a esperança de dias melhores. Eu nunca houvera falado a tanta gente assim. Tentei recuar, desesperado; pensei em deixar a palestra para um outro dia, quem sabe quando estivesse mais bem preparado. Uma simpática senhora, entretanto, dirigiu-me a palavra em tom amistoso:

– Vai, meu amigo, sobe lá e deixa o coração falar.

Era Eunice, irmã de Guiomar, quem me dera o empurrão para a tarefa. Subi ao palco, não sei como. E o coração falou como nunca. Jesus teve piedade de minhas pernas trêmulas e de meu coração descompassado. Mandou seus emissários em socorro da multidão carente de auxílio espiritual. Suando em bicas, terminei a exposição com a convicção de que cumprira o encargo satisfatoriamente. Eunice aplaudiu-me de pé, não pela beleza da palestra, mas pela caridade do incentivo. Desde então, Guiomar Albanese tem me dado a oportunidade de falar aos filhos do seu coração e Eunice me acolhe com ternura de mãe espiritual.

Na atualidade, o Perseverança mantém oito creches espalhadas pela cidade, socorrendo mais de duas mil crianças desamparadas. Eunice dirige uma delas localizada em região de muitas carências sociais. Quando se socorre a infância desvalida, minimiza-se o crime, diminuem-se os presídios, o vício entra em declínio.

E foi numa tarde modorrenta que recebi um telefonema da Eunice:

– De Lucca, estou precisando de ajuda aqui na creche[2]. Quero ampliar o atendimento, gostaria de abrir mais vagas, há muitas crianças fora da instituição e os recursos são escassos. Você não gostaria de me fazer uma visita?

---

2. Os direitos autorais foram cedidos à entidade citada neste capítulo. (N.A.)

Não hesitei em atender à intimação. Criança me comove o coração. A consciência ainda me pesa ao ver meus filhos tendo tudo de que precisam para uma vida promissora, enquanto milhares de crianças ainda morrem por falta de um simples pedaço de pão, o pão que muitas vezes jogamos na lata de lixo. Chegando ao local, de paletó e gravata por conta de minhas ocupações profissionais, estacionei o carro próximo ao pátio de recreio, e mal deixei o veículo quando uma leva de crianças travessas veio ao meu encontro, lépidas.

– Tio, eu sou a Letícia...
– Tio, que coisa é essa amarrada no pescoço?
– Tio, eu sou o Lucas....
– Tio, vamos passear...
– Tio, olha para mim...
– Tio, quero brincar...
– Tio, você está triste?
– Tio, quer uma bala?

Imobilizado por dezenas de crianças felizes que disputavam o meu olhar, recebi vários beijos melados e olhares admirados. Minhas mãos foram procuradas por mãos indefesas que não conhecem gravatas, celulares, *notebooks* e *videogames*. Minhas mãos carentes de afeto encontraram mãos amigas e acolhedoras e corações felizes diante da alegria do momento presente. Enquanto minha mente vagava pela incerteza preocupante do amanhã, aquelas crianças só respiravam o êxtase da eternidade do agora. Foi aí que me reconheci velho demais, entre remorsos e mágoas, medos e ansiedades. A velhice vem quando a vida vai embora, e a vida só existe no exato instante do agora.

William Blake entendeu isso muito bem:

"Quando vozes de crianças se ouvem na relva,
E risos se ouvem nas colinas,
Meu coração descansa no meu peito,
E todo o resto fica sereno".

Deixei aquele pedacinho do céu com a alma leve. Quantas tensões se desfizeram diante de corações ingênuos e simples, que não albergavam em suas mentes nenhuma ânsia pelo amanhã, porque suas vidas eram plenas no presente! Elas não sobrecarregam o dia de hoje com as angústias de ontem (do passado) ou com as preocupações do amanhã (do futuro).

Fui amado por almas que nunca me viram nem suplicaram a minha volta. Elas me amaram naquele momento e provavelmente já se esqueceram de mim, porque quem ama não tem passado nem futuro. Só se pode amar hoje, agora.

E eu que fui pensando em visitar crianças carentes para ajudá-las, percebi que o carente era eu, um adulto que precisa resgatar a criança interior que ficou perdida no quarto escuro do medo de amar.

Canetas

SEMPRE FUI APAIXONADO por canetas. Desde as mais simples até aquelas que ficam expostas nas vitrinas como verdadeiras jóias. Não sei qual a explicação, mas comprar canetas me faz feliz. Até mesmo uma Bic me faz bem. Caneta nova me dá alegria. Na infância, a época mais feliz para mim não era o Natal. Era o momento de comprar o material escolar. Caderno novo, régua nova, livro novo, e canetas novas. Que delícia sair da papelaria sentindo o cheirinho de borracha nova! E quando comprei o compasso? Foi um delírio de contentamento. Mas hoje só as canetas sobreviveram aos meus encantos escolares.

Foi quando comecei a trabalhar num escritório de advocacia, lá pelos idos de 1984, que me apaixonei pela

Montblanc. Não vá maliciando o pensamento. Montblanc não é nome de mulher, é marca de caneta produzida na Alemanha, uma das mais cobiçadas em todo o mundo. Eu a vi no bolso de um advogado. Quando ele tirou a Montblanc para assinar o contrato, eu fiquei de queixo caído. O colega percebeu minha admiração e, para me enfeitiçar, emprestou-me a caneta para que eu também assinasse o documento. Fiquei perdidamente apaixonado. Deixei o escritório e fui correndo a uma loja de canetas no centro da cidade. Logo percebi que a Montblanc não era para o meu salário de recém-formado.

Mas o sonho não morreu. Aguardei o salário engordar e, depois de um ano, comprei a caneta no crediário. Dez prestações. Que contentamento foi colocar a minha Montblanc no bolso! Olhava admirado para ela e quase suspirava de emoção. Cheguei em casa e mostrei minha jóia para os parentes que não entenderam o porquê de uma simples caneta custar tanto dinheiro assim. Inconformada, a mãe falou:

— Dá para fazer feira o ano inteiro!

"Quanta insensibilidade!", pensei sem dizer uma palavra aos familiares.

Estava no quarto lustrando a caneta quando me ligou o Pedro Luiz, amigo que dirigia um orfanato em São Paulo.

— De Lucca, estou precisando de ajuda...

— Que ocorreu, Pedro?

— O orfanato. Estamos com ordem de despejo e precisamos de dinheiro urgente para pagar o aluguel. Se não arrumar o dinheiro até semana que vem, as crianças do orfanato vão para a rua. Por isso pensei em fazer uma rifa e me lembrei de você...

— Ótimo, Pedro, pode contar comigo que eu compro alguns números.

— Não, De Lucca, eu pensei se você teria algum bem que pudesse nos doar para fazermos a rifa. Você é advogado, anda bem vestido, quem sabe não teria algum relógio chique ou quem sabe uma caneta dessas importadas...

Confesso que um frio me percorreu toda a espinha. Não era possível, a minha caneta virando rifa de orfanato? Jamais! Desliguei o telefone dizendo ao Pedro que não tinha nada para doar. Mas depois a consciência me pesou. Na mente vinha a toda hora a imagem das crianças do orfanato sendo despejadas! Um horror que constatei ser maior do que ficar sem a minha adorável Montblanc! Liguei para o Pedro e me retratei.

— De Lucca, que boa notícia você me deu! Eu estava já desesperado, pois todos os que consultei trancaram suas jóias no cofre. Deus haverá de multiplicar muitas canetas em sua vida.

Soube depois que a rifa foi um sucesso. Eu mesmo comprei alguns números, mais na tentativa de recuperar a querida. Mas não tive sorte, ou melhor, tive muita sorte, pois, desde então, como profetizara meu amigo, não me canso de ganhar Montblancs. Já estou na sétima caneta, uma diferente da outra, até lapiseira e chaveiro já ganhei.

Mas não fique pensando que fiquei com elas, porque já as doei todas...

Arroz de ontem

MEU AMIGO MARCELO me pede para visitar a mãe no hospital. O estado da paciente era delicado. Câncer no fígado. Desesperada, a família solicitou que eu aplicasse passes na enferma e orasse por ela junto ao leito. Quando me fazem tais pedidos, sempre me lembro dos passes e orações que minha mãe recebera quando estava doente, e como isso lhe fez tão bem! Ela não se curou do câncer, mas não precisou tomar nenhum remédio para dor durante todo o tratamento. Além disso, e o que considero mais importante, dona Manoela me confidenciava que se sentia espiritualmente fortalecida quando alguém, pouco importando a religião que professasse, lhe falava de Deus, de esperança, de amor, de vida que não cessa com a morte.

Sinto-me, portanto, devedor das almas samaritanas que acalentaram minha mãe de calor espiritual, diminuindo-lhe as geleiras emocionais que toda doença terminal acarreta. Por isso, sempre que posso, procuro atender aos pedidos que me chegam para visitar enfermos. Faço isso para não ser ingrato a Deus e para manter firme a corrente de amor que salvará o mundo do caos do egoísmo. Se fui ajudado de alguma forma, também tenho o dever moral de ajudar, o que é mais um elo na corrente do bem. Se cada um fizesse isso, o mundo já se teria curado de tantas mazelas que sufocam as sementes de um mundo mais pacífico e generoso. A corrente do amor costuma parar em nós. E se a corrente não se unir a outros elos, não haverá como ela se expandir e voltar a nós quando precisarmos de alguém que nos dê a mão. Por isso há tantos que pedem socorro, e tão poucos os que socorrem. Vivemos num paradoxo que se esgotará em breve tempo:

Somos ajudados, mas não ajudamos.

Recebemos as luzes da intelectualidade, mas não iluminamos analfabetos e ignorantes.

Somos abençoados com a cura de uma doença grave, mas nada fazemos para curar centenas de pessoas que morrem diariamente por falta de remédio, médico e comida.

A alegria nos encoraja a existência, mas pouco ou quase nada fazemos para estancar a tristeza daqueles que só conheceram amarguras em suas vidas.

Tentando não quebrar o elo da corrente, fui ao hospital visitar dona Marieta. Entrei no quarto e me deparei com vários familiares ao lado da cama, como se estivessem velando um defunto. Havia muita desolação para quem estava esperando um milagre. Como a cura poderia ocorrer se os familiares estavam mais melancólicos do que a própria enferma? Tratei logo de quebrar o clima de tristeza, e abracei cada um com sorrisos de alegria e paz. Pedi para abrir as janelas, iluminar o quarto pela claridade do dia, deixar um pouco de ar puro renovar a atmosfera pesada do ambiente. Aproximei-me de dona Marieta, segurei-lhe as mãos frias, olhei-a com carinho de filho, e iniciei a conversa:

— A senhora é muito simpática, tem uma energia muito boa!

— Mas estou muito doente, nada tenho de bom, muito menos essa energia a que o senhor se referiu.

— Está enganada, dona Marieta, a senhora tem uma força interior muito forte, apenas desconhece a energia que tem.

— Mas se tivesse mesmo essa força eu me curaria, não é verdade, meu filho?

— O problema não é falta de energia, porque, como filha de Deus que é, a senhora tem luz interior suficiente para viver feliz e saudável. A questão é saber como vem usando essa energia...

— Não estou entendendo...

— O câncer é uma doença grave porque desestrutura completamente o organismo, as células que foram feitas para manter a saúde invertem o processo e passam a crescer desordenadamente, devorando o próprio corpo que antes deveriam sustentar. É uma energia brutal voltada contra si mesmo. A pessoa que está com câncer tem um poderio energético muito grande, tão grande que é capaz de destruir uma vida que foi concebida para durar em torno de 100 anos...

— Mas, assim falando, dá impressão que estou tentando me matar!

— Apenas está dirigindo sua energia de forma destrutiva, aniquilando-se inconscientemente.

— Mas por que estou fazendo isso, meu Deus?

— Eu é que lhe pergunto, dona Marieta, eu é que lhe pergunto. Proponho que façamos uma oração, se a senhora consentir. Depois, também com a sua permissão, vou lhe aplicar um passe, que é uma espécie de doação de energias positivas, com o que a senhora se sentirá bem melhor. Assim estará em condições de pensar sobre o que conversamos. Voltarei daqui a dois dias para continuar nosso diálogo. Está bem?

— Aceito, por favor, me ajude, preciso me levantar desta cama.

— Ótimo, dona Marieta, estamos começando bem.

Retornei ao hospital conforme o combinado. No quarto, dona Marieta estava acompanhada apenas pelo filho Marcelo. Encontrei-a um pouco mais animada.

— Sabe, De Lucca, senti-me bem melhor depois do passe, e fiquei pensando no que o senhor me disse a respeito de como estou dirigindo minhas energias de forma negativa, mas confesso que não consigo enxergar como isso estaria ocorrendo.

— Minha amiga, nós somos tão doentes quanto os segredos que guardamos. Seu corpo acusa que algo dentro de si não está bem, registra que a senhora está reprimindo alguma emoção muito intensa. Que segredo a senhora guarda?

Um longo silêncio fez-se no quarto. Os olhos de dona Marieta encheram-se de lágrimas e, como um rio que transborda pelo volume excessivo de chuva, ela caiu em lágrimas copiosas, doloridas. Esperei até que ela parasse de chorar. Demorou.

— Fale, amiga, fale do que a machuca por dentro.

— Tenho vergonha!

— Deseja que o Marcelo se retire? Seria bom que ele a ouvisse.

— Pode ficar. Preciso acabar com isso. Preciso falar senão acho que vou morrer.

— A senhora gostaria de dizer...

— De dizer que meu casamento é uma farsa.

— Por que diz isso?

— Sou casada há 39 anos, tenho dois lindos filhos, o Marcelo você conhece. Todos acreditam que meu casamento é perfeito, que sou uma mulher feliz e realizada. Mas ninguém sabe que sofro muito, que há dez anos carrego comigo um segredo maldito que infelicitou minha vida conjugal.

– Gostaria de contar o que lhe ocorreu? Isso lhe fará muito bem. Não tenha vergonha de nada, a cura que a senhora tanto deseja começa pela aceitação incondicional dos seus sentimentos.

– Minha vida matrimonial caminhava bem, não tinha queixa do marido nem dos filhos. Só comecei a estranhar quando meu companheiro passou a se ausentar do lar com muita freqüência. Eram festas, jantares de confraternização, homenagens, reuniões, enfim quase todos os dias ele tinha um pretexto para voltar para casa bem tarde. No começo fui compreensiva, sempre confiei no Eleutério. Mas a situação foi se agravando a ponto de ele dormir várias noites fora de casa e ir direto para o trabalho. Certo dia, revirando os bolsos de seu paletó, achei um bilhete com uma mensagem de amor enviada a ele por uma colega de trabalho. Ao deparar com aquele bilhete, não tive dúvida: meu marido tinha um relacionamento extraconjugal. Minha vida a partir de então se tornara um inferno cujas chamas estão crepitando todos os dias, há dez anos.

– A senhora conversou com seu marido a respeito do assunto?

– Ele não teve como negar o fato. Mas disse que tinha sido uma aventura passageira sem nenhuma importância. E ele é tão orgulhoso que nem sequer me pediu perdão! Como se nada houvera acontecido, deu o assunto por encerrado.

— E a senhora?

— Como posso esquecer tamanha traição? Eu sempre fui sincera, fiel a meu marido, dediquei minha vida a ele, lavei-lhe as cuecas, como é que ele poderia ter feito o que fez comigo?

— Disse isso a ele?

— Não. Ele nunca quis me ouvir, me deixava falando sozinha quando eu tocava no assunto. Além do mais, tenho horror a discussão. Não insisti.

— Desabafou com alguma amiga ou mesmo com um familiar de confiança?

— Jamais. O que iriam pensar de mim, que sou a mulher desonrada, traída?

— A senhora acabou falando de suas dores de outra forma...

— Como assim?

— Falou por meio da doença.

— Explique melhor, pelo amor de Deus!

— O ódio pelo companheiro e a forte repressão das suas emoções desarticularam-lhe a harmonia celular. Imagine uma panela de pressão cozinhando há dez anos em fogo alto. Uma hora a pressão é tanta que a panela explode e vai pelos ares...

— Então quer dizer que meu câncer foi a panela que explodiu?

— Não tenho dúvida. A senhora sufocou a raiva, não deixou que ela saísse, apegou-se ao papel da mulher traída, e ainda por cima jamais se permitiu desabafar seus conflitos com algum amigo ou terapeuta. Fez força para aparentar uma vida conjugal harmoniosa quando por dentro tudo era o caos. Pagou um preço muito alto. Além do mais, a senhora usa o câncer para se vingar do marido. Inconscientemente, deseja puni-lo pela traição.

— Meu Deus, o que fiz de mim mesma? Estou pagando com a minha vida por algo de que não tive culpa. Mas o que deveria fazer? Deveria ficar com raiva? Sentir raiva não é pecado?

— Sentir, não. Ficar com ela é que é o problema. A senhora tinha todo o direito de sentir raiva do marido, de dizer a ele tudo o que a senhora me disse. E depois de esvaziar seu coração, expelir todos os detritos emocionais, deveria experimentar o perdão como solução de sua mágoa.

— Jamais o perdoarei!

— Jamais será curada, então. O perdão é um gesto sublime que oferecemos a nós mesmos, é uma decisão interior de abrir mão de toda a raiva, de toda a mágoa, de tudo o que nos feriu. Quem perdoa se desapega do mal. Quem não perdoa fica com o mal em si mesmo. Perdoar é libertar um prisioneiro e depois descobrir que o prisioneiro éramos nós.

— Mas o que tem a ver perdão com saúde?

– Certa feita perguntaram ao médico de Sua Santidade o Dalai Lama qual o principal segredo para a saúde. E ele respondeu: "Tire o arroz de ontem de seus intestinos". O arroz de ontem, dona Marieta, é seu passado. Tirá-lo das nossas entranhas é perdoar o que nos ocorreu.

– Mas é muito difícil...

– Tudo é uma questão de perceber o problema de outra forma. Enquanto olhar com os olhos da esposa traída, o orgulho ferido impedirá o perdão. Mas, se olhar com os olhos do coração, conseguirá enxergar o marido como um homem doente e equivocado, uma criança que ainda não sabe soletrar o alfabeto do amor ao próximo. A doença que lhe acomete é um convite da vida para mudar sua percepção sobre o ocorrido. O grande milagre da sua cura será encarar os fatos de outra maneira.

– Como poderei fazer isso?

– Jesus nos deixou a sublime lição de seu encontro com a mulher adúltera. O povo queria apedrejá-la em praça pública, porque ela havia incorrido no crime do adultério. Jesus, porém, teve outra percepção dos fatos ao enxergá-la como uma alma carente de amor. A mulher equivocada não precisava de castigo, precisava de compreensão. Jesus atingiu sua essência divina, transformou-a com palavras de luz e orientação. Isso nos faz pensar no prejuízo que é, para nós mesmos, agir com ódio e vingança, pois tais comportamentos somente estimulam o mal. Quem é ferido tende a revidar a ofensa. Somente o bem é capaz de transformações verdadeiras, pois um ato de amor atinge aquele que o recebe na sua essência mais perfeita. E se mesmo assim nos for difícil perdoar, não nos esqueçamos da interrogação feita por Jesus que até hoje nos incomoda: "Quem estiver sem pecado que atire a primeira pedra". Quando erramos, queremos ser compreendidos, e não apedrejados. Daí porque, diante daqueles que nos ferem, ofereçamos a face do perdão e não a da vingança, para que amanhã, quando for a nossa vez de cair, ninguém se anime a nos apedrejar. Jogue fora suas pedras, minha amiga, ofereça ao companheiro equivocado amor e orientação. Não o veja como traidor, mude o ângulo de visão. Enxergue-o como uma criança que ainda não teve discernimento suficiente para distinguir o certo do errado, o amor da ilusão.

Depois de aplicar os passes, percebendo o amoroso amparo prestado por espíritos de luz ligados àquele grupo familiar, deixei dona Marieta sob os cuidados do filho. Eles se permitiram um abraço emocionado. Senti que o perdão já começara a abrir as portas para o amor chegar. Prometi voltar assim que dona Marieta desejasse. Esperei por um novo contato. Um ano se passou. Chego em casa e vasculho a correspondência. Emocionei-me. Um convite especial trazia os seguintes dizeres:

"Eleutério e Marieta convidam familiares e amigos para a celebração dos seus 40 anos de vida matrimonial, hoje mais amantes do que antes, mais companheiros que outrora, mais felizes do que nunca. Eles pedem aos convidados que tragam uma porção de arroz novo, porque o arroz de ontem eles já jogaram fora."

Grão de areia

EU ANDAVA MUITO triste, sem perspectivas de que caminho tomar na vida. Ainda jovem, recém-formado, não me sentia adaptado à advocacia. Algo me faltava, mas eu não sabia o que era. A gente sempre pensa que, depois de formado, todos os nossos problemas irão terminar. Ledo engano. Formei-me e ainda não me sentia realizado. O que fazer? Eu não sabia.

Embora já me considerasse espírita, não estava na época freqüentando nenhum centro. Um amigo levou-me ao grupo do qual ele participava. Quem sabe eu estivesse mesmo precisando de ajuda? Fui ao centro espírita e logo de cara me indicaram um tratamento espiritual. Permaneci lá recebendo passes e assistindo a palestras durante uns seis meses, e tudo aos poucos foi melhorando. As idéias sobre a minha profissão ficaram mais claras e me senti fortalecido para prosseguir meu trabalho mais animado e confiante. Percebi, na verdade, que a situação não havia se alterado; eu é que havia mudado. Aprendi a lição de que, sem paciência, jamais haveria de encontrar minha realização profissional.

Sentindo-me bem melhor, empolguei-me em estudar Espiritismo. Eu que havia sido beneficiado pelas luzes espirituais julguei que deveria conhecer melhor a Doutrina que tanto me ajudara. Mais do que isso, eu queria fazer o bem, dar sopa aos pobres, visitar doentes, consolar aflitos! E tudo isso somente seria possível se eu estivesse participando dos estudos doutrinários realizados no próprio centro. Soube que um curso de Espiritismo estava prestes a iniciar e a inscrição dependia de uma entrevista com o diretor de estudos.

— Boa noite, senhor Clécio, gostaria de me matricular no curso de Espiritismo.

— Há quanto tempo está freqüentando nossa casa? — perguntou-me friamente o diretor.

— Há mais ou menos meio ano.

— É muito pouco.

— Como assim?

— Precisa de mais passes.

— Não preciso de mais esclarecimento? — perguntei irônico.

— Por ora precisa de passes; um grão de areia não agüentaria a claridade do Sol. O senhor carece de tratamento espiritual. Volte o ano que vem – falou enfaticamente colocando um ponto final no diálogo.

Confesso que fiquei desapontado. Eu já me sentia bem, e ainda por cima fui comparado a um minúsculo grão de areia. Era muito desprezo por quem estava com imensa vontade de ajudar. Julgava-me apto a estudar e a participar dos trabalhos beneficentes da casa. Que mal havia em querer conhecer o Espiritismo, em querer integrar-me nos serviços de amor ao próximo? Aliás, o trabalho e o estudo eram os únicos remédios que me trariam a cura definitiva. Sinto alguma tristeza quando observo pessoas tomando passes há vários anos sem nunca terem lido uma página sequer sobre a Doutrina Espírita, e a tristeza ainda é maior quando isso se dá por obstáculos colocados pelos próprios dirigentes espíritas que esperam pelo fictício dia em que a pessoa esteja totalmente curada para se tornar uma trabalhadora. Ora, não é o estudo e o trabalho que nos fazem melhorar? Não afirmou Jesus que o conhecimento da verdade nos libertaria? Não disse o Mestre que "o amor cobre uma multidão de pecados"? Por que impedir que o alimento celeste sacie nossa fome de espiritualidade?

Passei os seis meses seguintes ruminando esses pensamentos na cabeça. Submeti-me a novos e intermináveis tratamentos. Decorrido o prazo, voltei ao diretor Clécio:

– Já fiz o que o senhor me pediu. Posso agora me matricular?

– O curso já teve início, terá de aguardar uma nova turma.

– E quando isso ocorrerá?

– Provavelmente só no ano que vem.

– Mas é muito tempo.

– É a regra.

– Mas será que eu não poderia participar do curso em andamento na condição de ouvinte? Depois que a nova turma começar eu reinicio o curso.

– Não é permitido, o regimento proíbe.

– Mas o *Evangelho* permite!

– Ora, onde está escrito que pode?

– Jesus não afirmou que "o sábado foi feito para o homem, e não o homem para o sábado"?

– Sim, mas o que isso tem a ver com seu caso?

– O curso foi feito para os alunos e não os alunos para o curso...

– Está bem, você me convenceu, porém saiba que o curso já começou, vai pegar o bonde andando – falou o diretor bem contrariado com a própria decisão.

Haviam se passado 15 anos desse episódio quando lancei meu primeiro livro, fruto das aulas que ministrava em centros espíritas após concluir todos os cursos doutrinários. A partir de então, passei a receber convites para palestras.

Certa ocasião, participando de um congresso espírita, acercou-se de mim um senhor que achei que conhecia. Olhei-o demoradamente. Era o Clécio. Ele me procurara para um autógrafo, mas pareceu que não me reconhecera do passado.

— De Lucca, prazer em conhecê-lo pessoalmente, fiz questão de buscar um autógrafo seu para minha esposa, mas sobretudo para dizer que lhe sou muito grato.

— A mim?

— Exatamente. Deixe-me explicar. O senhor não me conhece, sou casado há 40 anos e espírita desde a infância. Minha esposa nunca quis saber de freqüentar o centro, e por isso discutimos muitas vezes. Eu ficava muito triste por ela não querer me acompanhar no grupo do qual vim a ser diretor por vários anos.

— Eu sei — respondi pensativo.

— Dei à minha mulher diversos livros espíritas, mas ela nunca se interessou por nenhuma leitura. Um belo dia, a manicure do salão que ela freqüenta estava lendo um livro seu, o *Sem medo de ser feliz*, e fez muitos elogios ao livro. Isso despertou a curiosidade da minha mulher, que acabou comprando-o em uma livraria de rua.

— E daí? — perguntei curioso.

— Ela adorou o livro, leu-o várias vezes, e desde então se tornou a maior devoradora de obras espíritas que conheço.

— Que maravilha! — exclamei, empolgado.

— Maravilha, De Lucca, é que ela agora está freqüentando nossa casa, e, admito, está mais espírita do que eu. Nossa relação conjugal ganhou mais força, porque passei a admirá-la pelo empenho na Doutrina Espírita, e tudo por causa do seu livro, meu amigo.

— Não, Clécio, tudo por causa do senhor.

— Como assim?

— Tudo porque o senhor, 15 anos atrás, deixou-me pegar carona num curso de Espiritismo já em andamento...

Ele me olhou vagarosamente, como querendo rastrear a memória. Sua voz emudecera. Empalideceu. Baixou a cabeça e ficou com os olhos perdidos na poeira do tempo. Constatou que a felicidade conjugal de hoje começara a ser construída quando permitira que a claridade do *Evangelho* iluminasse um pequenino e insignificante grão de areia...

O bem que voltou

DIVA FOI A PRIMEIRA pessoa que se dispôs a me acompanhar nas palestras. A idade avançada não foi obstáculo para ela percorrer comigo centenas de casas espíritas em São Paulo. Enquanto eu realizava a exposição, Diva orava para que não me faltasse a inspiração necessária ao êxito da tarefa de consolação e esclarecimento. Durante a palestra, eu podia perceber o fervor com que ela se entregava à oração, sentia seu calor espiritual me envolvendo em ondas de paz. Diva pronuncia o nome de Jesus com tamanha devoção que sentimos o céu se abrir sobre nós. É algo que comove até os mais céticos.

Mas Diva não socorria apenas a mim. Suas orações também se dirigiam à platéia presente à palestra. Estou certo de que muitos receberam mais dela do que de mim. Notava que os guias de luz utilizavam as doações energéticas da Diva e realizavam cirurgias espirituais em pessoas enfermas, aproveitando o momento em que elas elevavam seus pensamentos no decorrer da palestra. Não há barreira que a prece não seja capaz de vencer, pois a oração sincera, além de atrair os bons espíritos, cria um campo vibratório otimista e permite a abertura de brechas mentais à recepção de idéias positivas que são oferecidas na palestra. Chico Xavier comentava, por exemplo, que a oração de uma mãe tem o poder de arrombar as portas do céu. Tenho a impressão de que as portas do céu ficam permanentemente abertas para Diva.

Dia desses soube que minha companheira estava acamada. Uma úlcera na perna lhe impusera longo período de recolhimento. As dores intensas só se acalmavam à custa de fortes analgésicos. Numa das noites em que fui visitá-la, quando a dor se tornara insuportável e os remédios já não conseguiam aliviá-la, Diva me pediu um passe. Vendo-a gemer, não hesitei em atender-lhe a súplica; afinal de contas, eu tanto dela houvera recebido! Chegara a minha vez de socorrê-la.

Após a leitura de uma página de *O Evangelho Segundo o Espiritismo*, iniciei a prece rogando o amparo dos bons espíritos, pois reconhecia que eu sozinho pouco ou quase nada conseguiria. Sentindo a presença dos amigos espirituais, iniciei o passe impondo as mãos sobre Diva, que ainda gemia e tremia de tanta dor. Meu coração estava penalizado e um desejo muito ardente de acalmar suas dores cruciantes fez maior a ligação com os espíritos socorristas. Percebi que minhas mãos foram se tornando frias, praticamente gélidas, e que uma força vigorosa se desprendia de mim e caía sobre a região dolorosa. Senti que a misericórdia divina, não se importando de serem as minhas mãos pouco acostumadas à caridade, delas faziam uso para auxiliar aquela que sempre estendeu suas mãos amigas aos sofredores. Pelas mesmas portas que Diva abriu ao próximo, o bem lhe retornava centuplicado de energias curativas.

Notei, durante o passe, pelas telas da visão espiritual, a aproximação de um espírito que se apresentou na forma de uma mulher, de tez negra, irradiando muita simpatia. De vestes simples, trazia nos braços um cântaro. Ajoelhou-se sobre a enferma e deitou o vaso sobre a perna ulcerada, derramando um líquido leitoso. Ao término da intervenção espiritual, dirigindo-se a mim, explicou o seguinte:

– *Hoje estou pagando uma dívida que tenho com essa família. Na minha última encarnação, residia de aluguel próximo à casa dos pais de Diva. Sendo mãe solteira, criava meu filho com muito sacrifício. A situação financeira apertou quando fiquei sem emprego. Sem dinheiro, deixei o aluguel atrasar por vários meses e acabei sendo despejada. Colocaram toda a minha pobre mobília na rua, e não tinha para onde ir. Entrei em desespero. O pai de Diva, sabendo do ocorrido, veio em meu amparo. Ele emprestou-me um quarto que tinha no quintal da residência. Ele me dava abrigo e, ainda por cima, trazia-me alimento. Ali permaneci por um ano, sem nada pagar, até conseguir um novo trabalho. Não fosse o auxílio que recebi, teria deixado meu filho na porta de algum orfanato e provavelmente teria me suicidado de tanto desgosto. Por isso hoje estou aqui, pedi a Jesus a oportunidade de retribuir a essa família todo o bem que ela fez por mim.*

Serena, a entidade amiga despediu-se dando um carinhoso beijo nos cabelos brancos de Diva. Após a prece de agradecimento, contei-lhe o ocorrido e ela, com lágrimas nos olhos, confirmou a história que o espírito havia nos contado. No dia seguinte, soube que da ferida havia vazado um líquido de aspecto viscoso, fato que se repetiu por vários dias. Desde então, suas dores diminuíram sensivelmente.

De minha parte, fiquei pensando no incrível poder do bem. O genitor de Diva nem sequer imaginou que seu gesto de amor poderia trazer um bem para sua família 70 anos depois do ocorrido. É claro que Diva também se fez merecedora do socorro espiritual porque ela tem se convertido em socorro aos sofredores por intermédio de preces, passes, roupas, alimentos e palavras de esperança.

Eu acho no mínimo engraçado todos nós querermos amparo nos momentos de aflição; afinal, o que fazemos para amparar a aflição do próximo? Queremos os milagres da fé cultuando a descrença? Queremos o milagre da cura insistindo em viver em desarmonia? Queremos o milagre da prosperidade desdenhando o trabalho? Queremos ser amados sem amar?

Esquecemos que o bem que a gente quer é o bem que precisamos inicialmente oferecer. Jesus nos disse para, primeiramente, buscarmos o reino de Deus, pois todo o resto nos seria dado por acréscimo. Quem espalha o bem, recolhe-o mais tarde em algum trecho do caminho. E quando amanhã a dor nos visitar, a sementeira do bem irá fazer sombra ante o Sol das dificuldades.

Diva não se curou totalmente da enfermidade, mas seu filho, que é notável médico, disse-me que a ajuda espiritual tem sido tão importante que, sem ela, dificilmente sua mãe ainda estaria entre nós. Pude, então, entender a máxima espírita de que "Fora da caridade não há salvação". O problema é que a gente quer a salvação, aqui entendida como salvação das nossas mazelas e, no entanto, recusamos a caridade por solução. Queremos o bem, mas nos afastamos dele a todo momento. Até quando vamos resistir ao amor? Até quando teremos de sofrer por não acreditar que somente o bem nos faz bem?

Uma pergunta fica na minha cabeça, e espero que também na sua, em relação às nossas dores físicas e morais: será que alguém surgirá com um formoso cântaro para derramar a água do amor que nós um dia espalhamos pelo mundo?

Entrevista no Além

UMA NOITE TIVE UM sonho. Sonhei que me encontrava com Chico Xavier. Emocionei-me ao vê-lo tão sorridente e afável, como sempre foi de seu feitio. Estava tão próximo dele, queria lhe falar tantas coisas, porém a voz emudecera. Por que será que ficamos imóveis diante de pessoas que nos são muito caras? Chico voltou seu olhar para mim. Gelei. Olhou-me com ar de menino e, sem mais nem menos, disse-me que estava pronto para a entrevista. Surpreso com a afirmação, fiz força para soltar a voz e indagar:

– Mas, Chico, não sou repórter!

– Nenhum problema, De Lucca, também não sou nenhuma celebridade!

– Mas você é o Chico Xavier!

– Cisco, por favor, nada mais do que um cisco...

– Mas andam dizendo que você é a reencarnação de Kardec...

– Isso não me importa.

– Mas os espíritas andam discutindo muito sobre esse assunto.

– Que pena, estão perdendo tempo, tempo que poderia ser aproveitado na caridade, inclusive na caridade de uns para com os outros. Cada um tem o direito de pensar o que deseja, mas me entristeço quando vejo a minha pobre e insignificante figura sendo motivo de querelas entre os companheiros de fé que tanto amo. Pensem o que quiserem de mim, mas, por favor, não briguem por minha causa, não façam muros pelo meu nome, não me isolem em grupos antagônicos, porque, em síntese, o que continuo cada vez mais me sentindo é um capim, e capim não tem passado nem futuro, apenas a alegria de ser útil a Deus como capim que é.

– Será que acreditarão nessas palavras, Chico?

– O que poderemos fazer senão semear?

– Está bem, vamos então mudar de assunto...

– Ótimo. Sabe que tenho muita saudade dos amigos encarnados?

– Você não os vê mais?

– Sim, mas é diferente. Eles, em sua grande maioria, não me identificam a presença. É como estar ao lado do ser amado, pleno de afeto e carinho, sem, entretanto, ser *correspondido. É a dificuldade de vivermos em dimensões distintas.*

– É verdade, e além do mais você deve viver em regiões espirituais muito elevadas...

– De que me vale isso se ainda tenho no querido planeta Terra afeições tão caras ao meu coração? Aliás, digo, com toda a sinceridade, e sem nenhuma intenção de destaque, que os planos espirituais mais elevados se acham quase que desabitados...

– Por quê?

– Os chamados anjos encolheram suas asas e muito freqüentemente descem às regiões inferiores para tarefas de socorro. Até mesmo Jesus tem estado pessoalmente nas dimensões próximas à Terra, com regular assiduidade.

– Vem para nos julgar?

– Enxugar lágrimas, meu amigo. O Nazareno continua tendo muita compaixão da multidão vergastada pelo sofrimento. As árvores mais frondosas têm melhores condições de fazer sombra aos viajantes cansados do caminho.

– É incrível, pois a maioria dos religiosos quer subir depressa aos planos celestiais para viver ao lado dos seres de luz...

– Enquanto os seres de luz descem para estar ao lado das almas aflitas e desesperadas.

– Mas, Chico, quem deseja se iluminar não precisa ascender?

— *Sim, é claro, mas essa ascensão faz-se no plano horizontal.*

— *Como assim?*

— *Hoje reconheço que os momentos de maior espiritualidade que vivi não foram aqueles ao lado dos iluminados guias que me dirigiam as tarefas. Muitos julgam que o êxito da minha missão se deu no campo da mediunidade.*

— *E não foi?*

— *Não. Para a Doutrina, a minha modesta tarefa mediúnica pode ter sido útil. Mas, para a minha vida pessoal, para a minha evolução, o contato com o povo sofrido foi a minha redenção espiritual. Que ventura sentia ao dar um simples pedaço de pão a quem não tinha nada no estômago! Quanta felicidade amealhei no coração quando abraçava irmãos rejeitados por suas mazelas físicas e morais! Os amigos não imaginam quantas alegrias brotaram de um simples olhar de carinho que consegui endereçar a almas carentes de amor. Esse é o plano horizontal a que me referi, o desenvolvimento da espiritualidade nas relações sociais. Ah, se eu tivesse escrito menos e amado mais!...*

— *Mas e os livros, Chico, a obra de André Luiz é monumental...*

— *De fato, não posso discordar de sua afirmação, mas a verdade é que, para o cidadão espiritual Francisco Cândido Xavier, o amor foi mais importante do que a mediunidade. Mesmo porque outros médiuns poderiam me substituir na* tarefa. Mas o amor que eu não fosse capaz de viver pesaria profundamente na minha vida.

— Você acha que hoje temos muitos livros no movimento espírita?

— Os livros são importantes, são pérolas de luz vertidas do coração de Deus. Vejo com admiração o incansável trabalho de muitos medianeiros, porém sinto que hoje, mais do que nunca, precisamos de tarefeiros do amor, tarefeiros que incorporem as idéias espíritas em suas vidas. Neste aspecto sinto que faltou mais empenho de minha parte. Se não tivermos quem viva o Evangelho, ninguém irá comprar nossos livros.

— Isso se aplica a mim, Chico?

— Por que você está sendo intermediário dessas idéias?

— A lição me cabe perfeitamente.

— Nem sempre os médiuns se sentem como destinatários diretos das mensagens que captam do mundo espiritual. Eu mesmo julguei muitas vezes que as páginas de luz que minhas mãos psicografavam serviam apenas aos outros. E quando um problema maior me visitava e eu entrava em desespero, Emmanuel me indicava a leitura de lições que eu mesmo houvera psicografado, às quais nunca dera a devida importância.

— Mas você, Chico, já não era um espírito missionário...

— A única missão que eu tinha era a de viver o Evangelho 24 horas por dia. E confesso que isso ainda não consegui.

– Chico, o que você tem achado do movimento espírita na atualidade?

– Ah, meu amigo, quem sou eu para falar alguma coisa de meus irmãos espíritas, sempre tão dedicados em suas tarefas na Doutrina Espírita? Poderia dizer, no entanto, que, se me fosse possível hoje voltar ao movimento, eu me preocuparia mais em aproveitar o tempo ao lado dos sofredores.

– Chico, você viveu 92 anos de uma existência rica de serviço ao próximo. Por acaso ainda julga que não aproveitou bem o seu tempo?

– Fiz menos do que poderia.

– Você então considera que estamos nos afastando da caridade?

– Cada um que avalie a própria situação, mas eu sinto que o lema "Fora da caridade não há salvação" carece de ser revitalizado.

– Explique melhor, Chico.

– Penso que a caridade ficou um tanto diminuída em seu verdadeiro sentido, além de muito burocratizada. A disciplina é importante, porém ela não pode ser maior do que o amor. Acredito que o tarefeiro espírita não pode ter calendário para fazer o bem. O exercício da caridade chegou ao ponto de fazer parte da grade curricular dos cursos de Espiritismo. Precisamos de mais espontaneidade no bem, mais freqüência no bem, mais simplicidade no bem, e não nos contentarmos com uma simples sacolinha de Natal distribuída uma vez ao ano.

— Como poderíamos revitalizar a caridade?

— Ah, meu amigo, começando na própria casa. Eu sentia muita vergonha de mim mesmo quando chegava do centro cheio de lições espirituais na cabeça mas com o coração vazio de amor diante da parentela. Se conseguíssemos ser mais caridosos no próprio lar, o mundo seria muito melhor do que tem sido. Caridade não é apenas oferta de donativo material. Isso ainda é muito pouco. Caridade é paciência, é perdão, é tolerância com as imperfeições alheias, é ter benignidade no trato com o próximo. Dessa caridade eu ainda me sinto muito distante.

— Você levou alguma mágoa?

— Nenhuma. Apenas a tristeza de não ter amado os meus opositores tanto quanto eles mereciam.

— Sinto, Chico, que nosso tempo está se esgotando. Alguém me acena para encerrar o diálogo. Você gostaria de mandar alguma mensagem para a Terra?

— Quem sabe, De Lucca, você venha a escrever alguma coisa sobre esta nossa conversa, e assim poderei deixar registrada nas páginas desse livro a alegria de poder beijar o rosto de cada um dos meus incontáveis amigos, de toda a família espírita que sempre me incentivou a perseverar no bem, de todos os cristãos que testemunham Jesus em suas vidas e de todos os irmãos queridos que professam outros credos. Deixo a eles o sentimento de profundo amor e rogo perdão se não fui o Chico que eles esperavam que eu fosse, *mas continuo deste lado me esforçando para amá-los cada vez mais. Fale aos nossos irmãos que, tanto quanto me seja possível, estou com eles nas tarefas socorristas, sobretudo quando eles estão ao lado do povo, junto à periferia tão esquecida, presentes nos barracos e casebres quase sempre ignorados, nos leitos pouco visitados, nos lares onde a dor fez morada definitiva.*

O cisco, Chico, me osculou a face e me abraçou com carinho de pai e amigo. E foi com essa lembrança que infelizmente despertei, mas ainda sentindo no rosto o beijo molhado de Chico Xavier.

Uvas e figos

FILA DE PASSES. Um senhor enfermo aguarda o momento de entrar na sala. Duas pessoas mais idosas e doentes estavam na frente. Impaciente, ele indaga ao responsável pelo trabalho:

– Vai demorar?

– Não, tenha paciência que o senhor será atendido logo mais.

– Não posso esperar, tenho pressa de ir embora. Isso aqui deveria ser mais rápido. Vai demorar mais quanto tempo?

– Vai demorar bem menos do que o tempo que o senhor levou para ficar doente – respondeu o dirigente, laconicamente.

O caso narrado é verídico. Fatos como esse presenciei em minhas andanças por diversos centros espíritas do país.

O homem impaciente retrata a nossa impaciência diante daquilo que só o tempo é capaz de nos dar. É o que sucede por exemplo em termos de alimentação. Comemos exageradamente durante toda a vida. Aproximando-se o verão, começamos um regime para desfilarmos na praia sem muitos constrangimentos, e queremos resultados imediatos na balança. Domingo comemos churrasco no almoço e pizza no jantar. Segunda iniciamos o regime fazendo jejum, pelo menos até as três da tarde. No fim do dia, se sobrevivemos à tentação de um *cheese*-salada, corremos para a balança para ver quantos quilos perdemos. Decepção. Engordamos. O corpo é sábio, diante de um jejum ele diminui o metabolismo para não ficarmos desnutridos. Com isso gastamos menos calorias. Que ilusão! Hoje é consenso entre médicos e nutricionistas que um emagrecimento sustentável é aquele que nasce da reeducação dos hábitos alimentares. E hábito a gente só adquire com o tempo. E tempo é algo que não queremos esperar.

E assim ocorre com muitos dos nossos anseios. A ansiedade é tanta que queremos as coisas para ontem, como se diz popularmente. A pessoa se forma e já quer ter um trabalho milionário. Arrumamos um emprego e já queremos promoção no mês seguinte. Abrimos um comércio e esperamos vasta clientela de imediato. Começamos um relacionamento afetivo com sexo e esperamos carinho e afeto depois da cama. Levamos anos para ficarmos deprimidos e esperamos a cura de um dia para outro. Lembrei-me de Epicteto, filósofo grego:

"Nada do que é grande surge repentinamente, nem mesmo a uva, nem os figos. Se agora me disseres: 'Quero um figo', respondo-te: 'É preciso tempo'. Antes de tudo, deixa vir as flores, depois que se desenvolvam os frutos e que amadureçam."

Queremos os frutos antes que as flores desabrochem. Alguns escritores mais jovens me indagam como consigo levar tanta gente em uma noite de autógrafos. Digo-lhes, com toda a sinceridade, que a receita é fazer muitas sessões de autógrafos para ninguém. E conto esta história que me ocorrera.

No ano de 1999, antes de ser conhecido no meio espírita, lancei meu primeiro livro. Meu amigo Amílcar Del Chiaro, escritor experiente e renomado na literatura espírita, arrumou-me uma tarde de autógrafos numa livraria do Shopping Internacional de Guarulhos. Tudo combinado. Dias antes do evento, porém, minha mãe falecera. Fiquei desconcertado, arrasado. Pensei em cancelar os autógrafos. Afinal, eu estava de luto. Como poderia participar de um evento festivo? Mas como a divulgação já havia sido feita na imprensa, temi causar algum contratempo aos meus futuros leitores. Reuni as forças que ainda me restavam e parti para os autógrafos.

Sábado. Duas da tarde. Estou na livraria, onde deverei permanecer até as cinco. Nenhum possível leitor entrou. Aliás, até as quatro nenhum cliente entrara na livraria. Eu estava constrangido, envergonhado. Queria me enfiar debaixo da mesa. Coitado do dono da livraria. Eu não só não levei novos leitores como espantei clientes antigos. Faltavam vinte para as cinco quando entrou finalmente uma senhora. Passeou pela loja. Rodeou. Olhava-me de soslaio. Mexia em vários livros, fingia que lia. Aos poucos foi se aproximando. Levou meu livro às mãos, e eu não cabia em mim de tanto contentamento.

– O senhor foi quem escreveu?
– Sim, é meu primeiro livro.
– Parece que é um livro espírita?
– Tem razão. Escrevi sobre a felicidade à luz do Espiritismo.
– Puxa, deve ser bom, acho que é o livro que estou precisando ler.
– Por que diz isso?
– Porque minha mãe faleceu esta semana e estou angustiada. Como espírita, o senhor poderia me dizer algumas palavras de consolo?
– Eu?
– Sim, o senhor não é espírita?
– Sou.
– Deve acreditar na vida após a morte. Diga alguma coisa que me tire essa dor no peito.

A vida acabara de me pregar uma peça. Eu estava desconsolado e deveria consolar. Eu estava chorando por dentro e deveria secar as lágrimas de alguém que chorava bem à minha frente, e pior, bem na minha tarde de autógrafos. A mulher apertava meu livro contra o peito, aflita, como querendo que o livro entrasse em sua alma e lhe retirasse toda a angústia. Aceitei o desafio que Deus houvera me dado. Tomei inspiração e coragem e passei a falar sobre a imortalidade do espírito como nunca houvera falado. Inflamei-me. Soltei a voz inspirada e consolei aquela alma com as mais belas mensagens do amor eterno que vence as barreiras da morte. Enquanto consolava aquela desventurada mulher, eu me consolava também. Depois de uns dez minutos de intensa preleção, a mulher suspirou bem fundo e soltou um leve sorriso.

– Muito obrigada, amigo, por suas palavras iluminadas. Eu estava precisando ouvir o que o senhor me disse. Que beleza de mensagem. Consolou meu coração partido de tanta saudade. Agora me sinto melhor. Deus lhe pague.

A mulher levantou-se e, para minha surpresa, devolveu o livro à pilha, saindo da loja como entrou. Fiquei decepcionado. Terminei a sessão sem dar nenhum autógrafo. Saí da loja de fininho, tão envergonhado que pensava em desistir da tarefa. Nunca mais escreveria um livro. Ainda bem que não levei adiante a promessa. Hoje entendo que as uvas e os figos ainda não estavam maduros para serem colhidos.

Anjos dormindo

O NATAL SEMPRE me traz uma agradável sensação de alegria, as recordações felizes da infância irrompem do passado e deixam minha alma em festa. Sei, no entanto, que para muitos a época é de tristeza e solidão. Milhares de pessoas queixam-se de que passarão os festejos de Natal sozinhas. Mas por que os solitários não se encontram? Não seria uma boa medida? Por que não se reúnem em praças públicas, escolas, hotéis, clubes e põem fim ao vazio da solitude? Por que não visitam os solitários acamados em hospitais, internados em orfanatos e asilos? A solidariedade é remédio que cura a solidão.

    E foi numa véspera de Natal que, para escapar da solidão, participei de um trabalho de distribuição de alimentos e brinquedos a famílias carentes. Envolvido na tarefa, esquecia-me de meus problemas enquanto notava a transfiguração de rostos cansados e tristes em feições de alegria e esperança diante de uma simples cesta básica. Espantava a minha tristeza quando percebia a felicidade tomando conta de crianças boquiabertas com um carrinho ou boneca de plástico cujo preço não ia além de dois reais.

A caridade tem esse mistério de, ao mesmo tempo que socorre a miséria alheia, diminui também a miséria espiritual de quem oferta algo a seu semelhante. Hoje tenho certeza de que o maior beneficiado é aquele que doa. Uma cesta básica talvez não dure um mês, porém ao oferecê-la a quem não tem o que comer sentimos uma alegria que perdura por muito tempo.

Naquele trabalho de Natal, eu estava mesmo precisando da alegria. Mais do que isso, estava precisando mesmo era de fé. Andava muito desmotivado ante os desafios que se abatiam sobre mim, até andava duvidando da ajuda espiritual. E espantava-me ver como aquelas almas marcadas por sofrimentos maiores do que os meus mantinham em suas faces expressões de fé em dias melhores. Vendo a extensa e demorada fila de miseráveis debaixo de um sol escaldante, e os olhos de esperança que fixavam nossas mãos repartindo o pão, lembrei-me do Milton Nascimento, na canção "Maria, Maria":

"Mas é preciso ter manha,
É preciso ter graça,

É preciso ter sonho, sempre
Quem traz na pele essa marca
Possui a estranha mania de ter fé na vida".

Ao término da tarefa, quando me dirigia ao carro, deparei-me com uma jovem senhora carregando, com dificuldade, a cesta básica e os presentes recebidos. Ela estava acompanhada de uma criança quase adolescente. Aproximei-me e perguntei se precisava de ajuda, quem sabe poderia levá-la ao ponto de ônibus. Ela prontamente aquiesceu. No trajeto, perguntei-lhe, curioso, como conhecera a instituição.

— Ah, meu amigo, quer saber mesmo da história? – perguntou-me, animada para contar.

Respondi que sim, quem sabe ela tivesse algo que me arrancasse a descrença da alma.

— Meu nome é Maria de Fátima e vim do norte do país à procura de uma vida melhor. Cheguei a São Paulo com a roupa do corpo e com o dinheiro contado para a condução que me levaria à casa de uns parentes distantes. Deixei a rodoviária e precisei tomar dois ônibus para meu destino. Para meu desespero, porém, os familiares haviam se mudado para local desconhecido. Eu fiquei na rua sem ter para onde ir, sem roupa, sem comida, sem abrigo. Fui morar debaixo do viaduto, virei moradora de rua. O desespero tomou conta de mim, e só não fiz uma bobagem porque me juntei a outros tantos mendigos que, como eu, alimentavam-se e vestiam-se com sobras do lixo.

"E foi assim que conheci o Justino, também migrante do norte, estávamos sempre juntos, ele me protegia de moradores de rua violentos, sentia que ele gostava muito de mim. Uma afeição muito bonita cresceu entre nós e com o tempo nos tornamos marido e mulher. Queríamos sair da rua, passamos a catar lixo e sucata e com o dinheiro conseguimos construir um pequeno barraco de madeira numa favela. Trabalhávamos de sol a sol, até de madrugada ficávamos nos bares e restaurantes tentando pegar latinhas de cerveja e refrigerantes. Não tínhamos folga, porque o dinheiro da sucata não rendia muito.

O dia mais feliz da minha vida foi quando soube que estava grávida. Justino ficou apreensivo, porque teríamos de alimentar mais uma boca. Mas isso não me preocupava, sabia que Deus haveria de nos ajudar. E ajudou mesmo, pois, milagrosamente, passamos a encontrar sucata com mais facilidade e a vendê-la a preços mais compensadores. Nosso filho nasceu sadio, dei-lhe o nome de Júlio, e nossa vida ficou mais florida.

Tudo caminhava relativamente bem, as dificuldades eram grandes mas não passávamos fome, um pedaço de pão nunca nos faltou e, além do mais, tínhamos um teto para nos proteger da chuva e do frio. O Julinho completou três anos e estava muito lindo e saudável. Numa noite chuvosa, porém, o Justino saiu para comprar leite e custava a voltar. Um sentimento ruim se apoderou de mim, uma sensação desagradável me apertava o peito. Esperei mais um pouco e, como ele não aparecia, resolvi sair para ver o que estava acontecendo. Próximo ao bar, notei várias pessoas paradas ao lado de um corpo estendido no chão. O coração bateu forte e os olhos começaram a encher de lágrimas. Não tive dúvidas, era o Justino. Estava morto, vítima de um atropelamento.

Não preciso dizer que a vida se tornou mais difícil ainda, não apenas pelas dificuldades econômicas que aumentaram, mas pela falta que o Justino nos faz. O Júlio a toda hora perguntava quando o pai iria chegar do bar com o leite. Nossa vida tem sido muito dura. E fica mais dura ainda no Natal, quando a cidade fica enfeitada e nosso coração está triste. Há mais ou menos três anos, porém, ocorreu-nos algo inacreditável. Na noite de Natal, eu estava com meu filho no barraco, com o coração apertado de tanta tristeza, e com o estômago roncando de fome, pois não tínhamos sequer um pedaço de pão. Júlio me perguntava se o Papai Noel lhe traria algum presente. E eu não tinha respostas para dar.

Já bem tarde da noite, escutamos alguém bater à porta. Não imaginava quem pudesse ser, talvez alguma criança querendo brincar com meu filho. Júlio foi atender e se deparou com um senhor idoso, de barbas embranquecidas, vestindo um terno de linho cinza chumbo, e pedindo para falar conosco. Júlio autorizou a visita e aquele senhor surpreendeu-me abatida. Seu olhar estava tão cheio de bondade que não tive medo. Ele me dirigiu a palavra com expressões de um amor que eu jamais vira igual na vida:

— *Minha abençoada filha, não chore tanto o momento de amargura, pois o Senhor Jesus tem compaixão de nossas aflições e jamais deixará seu lar sem o amparo da misericórdia divina. Tende bom ânimo, Maria de Fátima, coragem para vencer suas lutas redentoras, pois você se encontra redimindo o passado de ilusões e quedas morais.*

— Mas a que passado o senhor se refere, se não me recordo de ter feito mal a quem quer que seja?

— *Somos viajores da eternidade, minha filha. Nossa vida percorre muitas existências, como um aluno que para galgar o diploma teve de se submeter a vários estágios de aprendizado.*

— O senhor quer se referir a vidas passadas?

— *Exatamente, minha filha, como afirmou Jesus: "Ninguém poderá ver o reino de Deus se não nascer de novo".*

— Somente isso é capaz de explicar meu sofrimento...

— *Além de explicar o motivo de suas dores, você poderá se encher de esperança para reorientar sua vida pelos valores imperecíveis do espírito. No passado você teve tudo e fez da sua riqueza a queda para os precipícios da loucura. Hoje você experimenta carências para aprender a cultivar a riqueza espiritual.*

— De que forma farei isso?

– *Aprendendo a viver com pouco, a ser fraterna com seus irmãos de sofrimento, a não medir as pessoas por aquilo que elas têm, aprender a valorizar os bens materiais que no passado você tanto desperdiçou.*

– Isso acalma o meu coração aflito...

– *Ah, minha filha querida, eu lhe trouxe esse pedaço de pão. Vamos comemorar o Natal de Jesus, repartindo esse pão que saciará a fome do corpo e da alma.*

Admirado com a extrema bondade do visitante, Júlio sentou-se na beirada da cama e o pão foi colocado sobre um caixote de madeira. Mãe e filho comiam felizes, sob o olhar misericordioso do visitante desconhecido.

– *Agora preciso ir, minha filha, tenho outras visitas a fazer.*

– Mas o senhor nem disse o seu nome!

– *Meu nome não tem importância, sou apenas seu irmão e amigo. Procure amanhã o centro espírita que fica bem próximo daqui. Você o conhece?*

– Sei onde fica.

– *Pois bem, vá lá amanhã, eles distribuirão uma cesta de Natal, procure o senhor Egidio, presidente do centro, tenho esperança de que ele irá ajudá-la. Fique na paz do Senhor, minha filha, saiba que estarei sempre por perto.*

E assim aquele velhinho se foi, deixando muita paz no meu coração. No dia seguinte, procurei o centro espírita, e me apresentei ao presidente, narrando-lhe o ocorrido. Percebi que ele ficou meio desconfiado com a história, disse-me que não conhecia a pessoa que houvera me visitado na noite anterior. Dei todos os detalhes da conversa e descrevi pormenorizadamente os traços físicos do visitante. Diante da incógnita, o presidente reuniu os trabalhadores mais antigos e perguntou se alguém conhecia meu bom velhinho. Uma senhora pediu um instante para buscar um objeto. Segundos depois, ela retorna com um quadro com uma fotografia, exibe-o para todos e me pergunta se reconheço a foto.

– É ele, minha senhora, é ele, o meu anjo da caridade. Eu não disse que era verdade? – respondi emocionada.

Percebi que os trabalhadores do centro se olhavam emocionados e cabisbaixos, porque vim a descobrir mais tarde que a foto era de Adolfo Bezerra de Menezes[3], conhecido como o médico dos pobres, desencarnado em 11 de abril de 1900, na cidade do Rio de Janeiro."

Maria de Fátima saltou do carro parecendo sentir a mesma emoção do seu encontro com Bezerra de Menezes. E eu fiquei pensando até quando os anjos que moram no céu precisarão se materializar diante da omissão dos anjos que moram na Terra.

---

3. Bezerra de Menezes nasceu em 29 de agosto de 1831, no Estado do Ceará. Formou-se médico no Rio de Janeiro e exerceu a medicina com tanta abnegação e amor que recebeu, ainda em vida, o título de "médico dos pobres". Converteu-se ao Espiritismo em 1875 após a leitura de *O Livro dos Espíritos*, de Allan Kardec. Desde então, vem atuando dentro e fora do movimento espírita em prol da espiritualização da humanidade. (N.A.)

Aceita um cafezinho?

FUI CONVIDADO A participar de um culto ecumênico em favor da paz. Falaria em nome dos espíritas. Também foram convidados um sacerdote católico e um pastor protestante. Eu nunca havia participado de algo do gênero, por isso cheguei bem antes do início da cerimônia para me inteirar dos detalhes. Um canal de televisão faria a cobertura do evento. Tremi de medo, eu não poderia dar vexame diante das câmeras. Orei.

O padre e o pastor chegaram minutos depois e fomos apresentados. Saudações cordiais e breves. Sentamos num confortável sofá, e ninguém abriu a boca. Parece que cada um ficou falando com o seu Deus, enquanto Deus provavelmente queria que seus filhos conversassem entre si. Coisas da religião. Não poderia deixar de reconhecer, todavia, que aquele encontro já era um avanço em matéria de diálogo inter-religioso, embora muito ainda precisasse ser feito. Nós que estávamos naquele encontro mal conversamos, trocávamos olhares desconfiados, palavras triviais, como se temêssemos um ao outro. Nosso amor não ia além das paredes do templo de nossa fé.

O mestre de cerimônias nos chamou. Estava na hora. Muitas pessoas nos aguardavam. Fui escalado para ser o primeiro a falar. Que azar! Logo eu? Não poderia ter ficado por último? Assim eu poderia me tranqüilizar um pouco mais e, ainda por cima, observaria como é que se fala nessas ocasiões. Mas Deus não ouviu minhas preces, acho que o padre orou mais alto porque foi ele quem ficou por último.

Tinha quinze minutos para falar. Pedi inspiração a Jesus para que eu pudesse expor o que fosse mais adequado aos seus propósitos. Iniciei minhas palavras pedindo que os católicos levantassem as mãos. Fiz isso depois com os evangélicos e espíritas. A maioria era católica. Espíritas, a minoria. Prossegui afirmando que para Deus não havia aquela divisão, que o rebanho era único, que éramos ovelhas de um único pastor. Conclamei todos para que, pelo menos naquele momento, se sentissem irmãos uns dos outros, que tirássemos nossos rótulos religiosos, rótulos que tantas vezes são usados para promover a guerra e o desamor.

— A paz do mundo, meus amigos, depende da paz que começamos a cultivar no íntimo de nós mesmos. E paz pede aceitação das diferenças, cultivo da humildade, abandono da prepotência de achar que só existe um caminho para Deus. A prepotência é a filha direta do orgulho e, enquanto houver orgulho em nossas ações, nossa religiosidade estará distante de Deus. Onde reina o orgulho, não há espaço para o amor. Onde impera a intolerância, não há espaço para a paz. E o orgulho é ainda tão grande que nossas religiões estão adoecidas. Não preciso dizer das facções internas existentes em nossas agremiações, gerando disputas pelo poder e pela hegemonia de pensamento. Se temos tantas divisões internas no Catolicismo, no Protestantismo, e no movimento espírita, isso não será um sinal de que ninguém detém o monopólio da verdade absoluta? Não seria essa verdade um grande espelho que se partiu em vários pedaços, dos quais cada religião detém apenas um?

E foi com essa pergunta que encerrei minha participação, não sem antes solicitar um minuto para que pudéssemos trocar um abraço com irmãos de outros credos. Houve alguma resistência no início, mas fiz questão de dar logo o exemplo ao tomar a iniciativa de abraçar o pastor e o padre.

Todos ficaram mais leves. Uma brisa de paz tomou conta do ambiente. Estava satisfeito com o alcance das minhas singelas reflexões. O culto prosseguiu e o pastor optou por fazer uma oração pela paz. Foi emocionante. Durante a prece, senti que ele foi muito inspirado, levou-nos à reflexão do paraíso perdido, do paraíso onde não havia raça nem credo. No paraíso não há divisão, não há partido, não há excluídos. Ao término da formosa oração, estávamos todos com lágrimas nos olhos.

Foi a vez do padre. O tom fraterno prosseguiu, graças a Deus. O sacerdote afirmou que, se Jesus nascesse entre nós hoje, ele por certo pegaria novamente o chicote e expulsaria todos os religiosos que continuam a profanar o templo com suas velhas e carcomidas posturas preconceituosas. O templo não pertence a nenhuma denominação religiosa, o templo é a casa dos filhos de Deus, e Deus não tem filhos preferenciais ou exclusivos. Advertiu o sacerdote que a religião tem grande papel no estabelecimento da paz no mundo, mas as religiões têm falhado porque os crentes mais promovem a guerra do que a paz. "Infelizmente não somos exemplos para ninguém. Como é que vamos pedir paz aos governantes, paz ao povo, se viramos as costas para irmãos que professam outros credos?", concluiu o padre.

Antes de encerrar suas palavras, o padre teve um gesto inesperado. Chamou a mim e ao pastor novamente ao palco. Pediu que eu divulgasse o endereço do centro espírita que freqüentava, bem como os dias da semana em que poderia ser encontrado caso alguém quisesse me procurar para uma orientação espiritual. E fez o mesmo com o pastor. Foi maravilhoso. Retribuí a gentileza e pedi que o padre também dessas as mesmas informações. O culto foi encerrado com muita alegria e um sentimento de que a paz é uma realidade possível e muito próxima de nós.

Deixamos o palco. Voltamos ao sofá para um cafezinho. Conversamos animadamente, procurando isolar nossas diferenças de crença.

– Padre, seu gesto de pedir que disséssemos onde cultuamos a nossa fé foi algo divino – falei com admiração.

– Ah, meu amigo, senti que era isso o que Jesus queria que eu fizesse.

– Puxa, poderíamos fazer outros cultos como esse, levar essa mensagem de paz ao maior número de pessoas possível. O que o senhor acha?

– Acho ótimo, De Lucca, mas antes de falarmos às multidões, será que não precisamos primeiro tomar o nosso cafezinho?

Admirei-me com mais essa lição. Antes de aparentar fraternidade, precisamos ser fraternos. Fica aqui o meu convite a padres, pastores, rabinos, monges, pais-de-santo e seareiros espíritas para um cafezinho a qualquer hora. Será que aceitam?

Nossas moedinhas...

SEMPRE FUI APAIXONADO pela vida de São Francisco. Não pense que isso se deva a uma minha afinidade com o "Pobrezinho de Assis". Não é afinidade, o caso é de necessidade. E explico. Impressiona-me a simplicidade com que Francisco levou a sua vida, o desapego aos bens terrenos, seu amor à natureza, aos animais e aos homens a quem tratava e chamava de irmãos. E tudo isso era vivido com profunda alegria, traço não muito comum entre os religiosos de modo geral. Francisco viveu o que eu preciso viver. Ele demonstrou que o *Evangelho* não é uma utopia, é uma proposta de vida capaz de nos tornar verdadeiramente felizes ao mesmo tempo e na mesma medida em que trabalharmos pela felicidade de nossos semelhantes.

Eu estava lendo mais uma biografia de Francisco, e confesso que me encontrava cada vez mais tocado por sua vida de consagração ao amor. Onde estivesse, o livro andava comigo. Num sábado de muito sol, saí para fazer umas compras. Depois de rodar algumas horas, senti fome e estacionei o carro para almoçar. Parei próximo a um restaurante com cadeiras na calçada. Desci com o livro, terminaria a leitura de um capítulo enquanto aguardasse a refeição.

O restaurante estava cheio, a comida demorou. Deu tempo para mergulhar num dos fatos mais emocionantes que já havia lido. Francisco andava pelos arredores da cidade de Assis, e conta-se que ele tinha verdadeira ojeriza pelos portadores da lepra. Era uma doença que o repugnava e ele não conseguia ter contato algum com os leprosos.

Vejam o que aconteceu um dia quando vagando pelas redondezas da cidade, meditando no amor de Jesus pelos sofredores, Francisco vê a aproximação de um doente de lepra, que lhe estende as mãos em súplica:

— Uma esmola pelo amor de Deus...

Francisco tenta correr, mas se dá conta de que Jesus não aprovaria sua conduta. Rapidamente, descobre uma única moeda no bolso e a dá ao pedinte. Indiferente, porém, o enfermo continua a rogar...

— Uma esmola pelo amor de Deus...

Francisco tenta ver se encontra outra moeda; entretanto, nada mais lhe restava no bolso. E o mendigo insistia, com maior desespero:

– Uma esmola pelo amor de Deus!

– Não possuo mais nada, meu irmão, já lhe dei a única moeda que tinha, deixe-me ir embora...

– Uma esmola pelo amor de Deus...

A insistência do leproso fez Francisco pensar mais com o coração e menos com a lógica. Percebeu que provavelmente o enfermo queria algo diferente, não pretendia uma simples moeda dada com frieza e indiferença, tal como fizera praticamente atirando-lhe o níquel. A esmola que o doente desejava receber era um donativo de amor, de aceitação, de amizade. O santo de Assis caiu em prantos e não hesitou em abraçar demoradamente aquele que reconheceu ser também um irmão de Jesus.

– Perdoe-me, meu companheiro, perdoe-me por ainda não o amar como você merece ser amado. Você tem a lepra no corpo, e eu ainda carrego a lepra na alma...

Alguns segundos se passaram da comovedora cena, e Francisco, contendo as lágrimas, solta os braços e, ao tentar se despedir do mendigo, tem uma visão jamais imaginada: não era mais o leproso que ali se encontrava, era Jesus que se apresentava aos olhos de seu discípulo:

– Francisco, meu filho do coração, hoje você aprendeu a amar além das aparências da carne, amou porque venceu preconceitos, superou barreiras, e conseguiu ver a essência divina que habita em cada um dos nossos irmãos. Vá, meu filho, continue amando, pregue meu *Evangelho* com atitudes de amor.

Não preciso dizer que meus olhos se encheram de lágrimas e só não chorei porque o garçom chegou com a comida. Depositei o livro de lado, e confesso que até a fome havia passado. Comecei a mexer o arroz quando um garoto de rua se aproximou pedindo dinheiro. Revirei o bolso e peguei uma moeda. Mas quando pretendia entregar a esmola, não sei por que bati os olhos no livro de Francisco e me dei conta de que eu também estava ofertando moedas frias e indiferentes. E me perguntei: "O que Francisco faria no meu lugar?". Não tive dúvida de que ele convidaria o garoto para almoçar. Foi o que fiz. O guri aceitou o convite na hora. Sentou-se, apressadamente, talvez pensando que eu desistisse do convite. Olhei para o garçom e pedi que trouxesse mais comida.

Notei, porém, que o menino estava inquieto, olhava para os lados como se estivesse procurando alguém.

– Você está esperando alguma pessoa?
– Sim, tio, meu irmão.
– Onde ele está?
– Perto, bem perto.
– Quer que ele venha almoçar conosco?
– Seria muito bom, tio.

E foi assim que meu convidado deu um sonoro assobio e rapidamente chegou mais um para comer. Olhei para o livro, dei risada para Francisco e mais uma vez acenei para o garçom que logo entendeu o recado. Mais comida foi posta na mesa, e ainda assim, notei, os dois estavam inquietos. Meu Deus do céu, será que vem mais gente? Mais um assobio e a mãe dos garotos logo apareceu, faminta, precisando de comida para si e para outro filho em seu ventre. Nem precisei fazer gesto algum para o garçom trazer mais arroz, feijão e carne.

Almoçamos tranqüilamente, conversamos sobre nossas vidas, e eles me disseram que fazia muito tempo que não sabiam o que era comida fresca e em quantidade suficiente para saciar seus estômagos. Ao se despedirem, um deles me disse:

— Tio, hoje não vou precisar roubar ninguém, porque o senhor fez nosso dia feliz.

— Ah, é porque a comida estava mesmo boa...

— Não, tio, é porque nós sentamos com o senhor, comemos na mesma mesa e comemos a mesma comida sua, até me senti como se eu fosse seu filho. Hoje vou dormir contente...

Meus novos amigos dobraram a esquina e nunca mais os vi. Mas guardo a certeza de que, desde então, sou eu quem dorme em paz quando meu coração não se limita a jogar algumas moedinhas aos que precisam de carinho, atenção e amor.

Para quem serve a palestra?

O TELEFONE TOCOU altas horas, justamente naquela noite em que o sono resolvera me visitar. Os que padecem de insônia não têm sorte; sempre surge algo inusitado para espantar o sono nas raras oportunidades em que ele resolve dar o ar da graça. Pulei da cama, contrariado, e fui atender com aquela aflição de quem espera uma notícia desagradável:

– De Lucca, é a Jamira, do Centro Espírita...

– Oi, Jamira – cumprimentei, com voz de poucos amigos. – O que foi que aconteceu para me ligar a essa hora?

– É o nosso centro. O povo está brigando muito, ninguém se entende.

– E...?

– Eu queria que você pudesse fazer uma palestra com os trabalhadores, um sermão bem dado puxando as orelhas...

– Não funciona.

– Por quê?

– Porque ninguém oferece as próprias orelhas...

– Mas, por favor, tente, estamos com tantas brigas internas que, se isso continuar assim, vamos ter que fechar o centro.

– Não seria má idéia.

– De Lucca, que isso?!

– Se brigamos tanto pela causa, a ponto de convertermos amigos em inimigos, é melhor fecharmos a casa.

– Você está sendo radical.

– Estou mesmo, Jamira, estou indo à raiz do problema. A nossa dificuldade é pensar que o Espiritismo é um fim em si mesmo. Esquecemos que a Doutrina é um meio que nos ajuda a atingir o fim, que é o nosso adiantamento moral. Assim também são todas as religiões, estradas respeitáveis que nos ajudam, ou deveriam ajudar, a chegarmos ao destino do aperfeiçoamento ético-moral. O problema é que estamos fazendo a estrada mais importante do que o destino. Estamos com o cérebro empanturrado de informações religiosas e com o coração vazio de amor.

– Mas insisto, De Lucca, venha nos fazer a palestra. Quem sabe você...

— Demova alguém de seus propósitos revanchistas?

— Sim, o Anézio tem feito forte oposição às novas medidas que venho implantando no centro. Desde que ele perdeu a eleição para mim, fica me contestando, por qualquer motivo. Não agüento mais tanta perseguição!

— O caso é pior do que pensei. Mas vou aceitar o seu convite, Jamira, pois talvez esteja mesmo precisando refletir sobre o assunto.

— Como assim?

— Meus ouvidos são os que estão mais próximos da minha boca. Quem fala ao público deve falar antes para si mesmo. O público é um pretexto, a palestra é uma ferramenta para o autoconhecimento do próprio orador.

— Nunca tinha pensado dessa forma...

— Esse é um dos nossos problemas. Temos fórmulas lindas para os outros, damos conselhos maravilhosos às pessoas, contudo quase nunca julgamos que o remédio que indicamos aos outros deve servir primeiramente a nós mesmos. Somos como um médico tabagista recomendando aos pacientes que parem de fumar. Quem levará a sério a indicação?

Desliguei o telefone e não preciso dizer que a conversa espantou o sono para bem longe. Fiquei imaginando como deveria abordar assunto tão delicado com um grupo vitimado pela terrível doença do orgulho. Coloquei-me no problema para identificar primeiramente em mim as mesmas mazelas que afetavam o grupo de Jamira. Enxerguei que também tinha lá as minhas vaidades religiosas. Notei, não sem alguma dificuldade de aceitação, que eu me orgulhava pelo fato de escrever livros, falar no rádio e fazer palestras, crendo que isso já fosse o suficiente para me tornar uma pessoa espiritualizada. Estava esquecendo, lamentavelmente, que as atividades realizadas num templo religioso são treinamentos para a vivência do amor fora dele, sobretudo no âmbito da família. E eu estava confundindo treino com jogo.

Dei-me conta de que boa parte da humanidade professa alguma crença religiosa, mas isso não tem sido suficiente para tornar o mundo mais pacífico. Se somarmos o número de religiosos em todo o mundo, seguidores, por exemplo, de Moisés, Buda, Lao-tsé, Jesus e Maomé, chegaremos a um número muito expressivo, algo em torno de 90% da população mundial, entretanto ainda matamos os semelhantes com os mesmos requintes de crueldade dos bárbaros. Destruímos a natureza, e por conseqüência a nós mesmos, por ambições desmedidas de lucro e poder. Ainda somos violentos nas relações familiares, subjugando aqueles que não pensam com a nossa cabeça. Não estamos imunes ao risco de uma nova guerra mundial, cujos efeitos poderão levar a humanidade a um caos e a seu próprio extermínio.

E assistimos a tudo isso com os textos sagrados nas mãos. Que temos feito de nossa fé? Será que ela nos serve apenas para satisfazer os interesses materiais? Temos religião apenas para nos lembrarmos de Deus quando estamos desempregados, falidos ou doentes? Que estamos fazendo do amor pregado por todos os grandes avatares da humanidade? Esquecemos que nosso próximo é a única porta que dá acesso a Deus?

E foi com esse espírito que realizei a palestra. Tentei não ser cruel, mas não omiti a verdade da nossa indigência espiritual. Expus os perigos de sabermos muito e amarmos tão pouco. Apresentei, com tintas fortes, uma convocação inflamada da necessidade das atitudes de amor tão escassas em nossos dias. Não pude deixar de formular duas perguntas fundamentais: estamos na Doutrina Espírita para servir ou para sermos servidos? Seria correto fazer um inimigo à custa de um ponto de vista doutrinário?

Ao término da exposição, esperava que o auditório saísse cabisbaixo, inquieto, pensativo sobre os destinos do grupo. Surpreendi-me, porém, com muitos aplausos, cumprimentos e sorrisos do público. Para meu desgosto, saíram todos felizes do centro, como se tivessem participado de uma festa de casamento. Fiquei desapontado. E foi nesse estado que Jamira me encontrou, sem, no entanto, perceber o que se passava em meu íntimo:

– De Lucca, que maravilha de exposição, você tocou em pontos importantes, falou tudo o que eu gostaria de ter dito aos que dificultam minhas atividades nesta casa. Eles ouviram o que precisavam ouvir. Jesus o abençoe.

Mais desapontado ainda, meu assombro aumentou quando se aproximou o Anézio, com ares de satisfação:

– Caro De Lucca, estou extasiado com a sua fala, que riqueza de conceitos, quantos ensinamentos você trouxe a este auditório! Sua palestra veio em boa hora porque a diretoria desta casa anda saindo dos trilhos e precisava ouvir o que você disse com tanta clareza. Deus o recompense.

Fui o último a deixar o recinto. A maioria lá fora talvez já houvera esquecido a palestra. Retirei-me, pensativo, com a certeza de que, amiúde, exigimos dos outros posturas que ainda não adotamos para nós mesmos. Tudo o mais é conversa fiada de quem não vive para si o que prega aos outros.

Diante do espelho

MEU AMIGO LEONEL Fonseca me trouxe esta história fantástica. Ele é formado em administração de empresas, tem um currículo invejável, típico das pessoas que realizaram muito em tão pouco tempo de existência. Mas Leonel tem um persistente problema de saúde. Uma gastrite o maltrata há muito tempo. Submeteu-se a diversos tratamentos médicos, e não obteve nenhum resultado duradouro. Estava cansado de tantos remédios e dietas; nada era capaz de deter o incêndio que sentia no estômago. Vivia à base de pastilhas antiácidas, que carregava onde quer que estivesse.

Um dia ouvira falar de um homem muito simples, residente na periferia da cidade, que estava realizando curas milagrosas. Um colega de escritório testemunhou ter sido curado de uma bronquite crônica que o acompanhava desde a infância. O milagreiro era tido por santo pela vizinhança. Vivia com parcos recursos materiais e nada cobrava por seus favores espirituais, apenas pedia que as pessoas aprendessem com suas próprias doenças o que haviam esquecido de essencial em suas vidas. Meu amigo foi à procura daquele misterioso homem. Pediu para sair mais cedo do trabalho. O missionário o atendeu sem maiores entraves. Leonel apenas teve de esperar duas horas, pois outras tantas pessoas também aguardavam socorro espiritual.

Num quartinho sem nenhum adorno religioso, o bondoso senhor sentava-se sobre um toco de árvore. Leonel entrou e narrou rapidamente seu problema. Ouviu a resposta mais simples e, ao mesmo tempo, a mais complexa:

— A cura está dentro de si mesmo.

O santo homem proferiu uma oração fervorosa e Leonel sentiu-se tocado por energias sublimes que jamais experimentara em sua existência. Após a prece, Leonel foi orientado a ir imediatamente para casa e dormir o mais rápido possível. Deixou o local pensativo, queria saber como encontraria dentro de si a própria cura. Chegou em casa e cumpriu as recomendações. Já em seu leito, sentindo-se algo anestesiado, teve tempo ainda de sentir as vibrações suaves que ainda o envolviam, como se o induzissem a um estado alterado de consciência. Dormiu profundamente. Mas seu espírito desprende-se do corpo e desperta lúcido. Leonel, assustado, consegue enxergar o corpo estirado na cama, e percebe que, bem diante de seu leito, havia um grande espelho. Ele fixa o olhar e vê que aos poucos surge a imagem de si mesmo refletida no espelho. Uma voz que não soube identificar de onde vinha lhe pede para olhar a imagem com mais atenção e Leonel, surpreso, consegue ver os órgãos internos do seu corpo. Estava extasiado com o que seus olhos espirituais registravam. O coração bombeando incansavelmente o sangue, os pulmões ventilando o oxigênio, os rins filtrando o sangue, enfim o corpo era uma máquina perfeita que ele nem sempre soubera respeitar.

E a mesma voz lhe pediu que fixasse os olhos na região do estômago, pois a partir daquele momento Leonel experimentaria um diálogo consigo mesmo. Sua imagem no espelho adquiriria vida e traduziria todas as emoções inconscientes do órgão enfermo. Leonel sentiu medo, achou que estava louco. Mas a voz lhe pedia calma, pois não poderia desperdiçar a oportunidade. E foi assim que, sentindo-se mais confiante, Leonel mira seus olhos no espelho e um diálogo surpreendente surge a partir desse momento.

– *Você está me ouvindo?* – indagou Leonel, meio sem jeito.

– *Claro que sim* – respondeu a imagem do espelho.

– *Não estou maluco?*

– *Eu diria que está tendo uma conversa consciente com o que está em seu inconsciente.*

— Bem, em termos práticos, eu tenho muitas dores de estômago, o que você tem a me dizer?

— Ah, alegro-me com a possibilidade de você me ouvir. Tenho insistido tanto em falar com você...

— Mas nunca ouvi nenhum chamado seu!

— Ora, não me diga isso. Há anos venho chamando a sua atenção. Cutuco você de todo jeito, mas parece que você está surdo.

— Mas juro que nada percebi.

— Sabe aquela persistente queimação no estômago?

— Como posso me esquecer? Parecia que havia dentro de mim um dragão lançando chamas a toda hora.

— Pois é, era eu...

— O quê?

— Sim, eu mesmo. Queria chamar sua atenção para o perigo que era viver da forma como você estava levando a vida.

— Mas o que estava fazendo de errado?

— Não quero acusar você de nada, não é esta a minha função. É que você não estava percebendo que alguns comportamentos o estavam prejudicando. E como sou seu amigo, apenas queria lhe dar um toque.

— Mas que história é essa de amigo? Você fala como se fosse algo diferente de mim!

— Eu estou em você e você está em mim. Eu sinto tudo o que você sente. Sinto a sua raiva, sua irritação, sua ansiedade, como também a alegria e o amor. Quando você está nervoso, eu também fico nervoso, todas as células encarregadas da digestão ficam tensas. Já percebeu que, quando você fica azedo, toda a comida que você põe na boca também fica azeda? Já notou aquele bolo de comida parado na garganta quando você não consegue digerir algumas situações em sua vida?

– Meu Deus, nunca tinha notado isso.

– A doença nada mais é que um sinal de alarme que dispara quando o homem se desequilibra de alguma forma.

– É uma reação do corpo?

– O corpo fala quando o homem começa a se autodestruir. Quando o equilíbrio físico, mental ou espiritual é rompido, o corpo expressa uma série de sintomas que chamamos de doença. É um sistema de defesa da própria vida. Quando você sente algum tipo de dor, o fenômeno nada mais representa que um alerta para que o indivíduo tome alguma providência para remover o desequilíbrio.

– Se a azia é um alarme, você não tinha um outro mais suave?

– Eu precisava despertá-lo, mostrar que algo não estava bem, por isso precisava causar alguma sensação desagradável. Mas comecei o trabalho com o sinal menos doloroso. Fui de mansinho.

– Mas, afinal, o que havia de errado comigo?

– Como lhe disse, você mergulhou num processo de auto-agressão, estava colocando em risco a integridade física.

Em busca de rápida ascensão profissional, você começou a se descuidar da alimentação. Pulava refeições, pois alegava que não podia perder tempo. E para me tapear, empurrava-me lanches calóricos e salgadinhos encharcados de gordura; e tudo devorado em poucos segundos. A comida chegava a mim quase intacta, dando-me muito trabalho para digeri-la.

– Estou pasmo!

– Mas ainda não disse tudo.

– Que amigo, hein?

– Além de alimentos inadequados, ingeridos vorazmente, e com muita pressa, seu estado mental durante a refeição prejudica muito meu trabalho.

– Como assim? Explique-me.

– Quantas vezes você se alimenta em sua própria mesa de trabalho? Quantas vezes faz suas refeições em meio a papéis, efetuando cálculos e conferindo estatísticas?

– Perdi a conta.

– Pois é, você não relaxa na hora do almoço. Não tem disciplina mental. Durante a refeição, está com a cabeça tensa, excessivamente preocupado com o desempenho da empresa e com o seu futuro profissional. Não consigo ter paz para fazer o meu trabalho, pois todas as células ficam nervosas no momento da refeição.

– Mas é a luta pela sobrevivência. Se não for um bom funcionário, vou perder o emprego e aí nem comida você vai ter para digerir.

— O problema não é ser um bom funcionário, o problema maior é o seu perfeccionismo, que faz com que exija muito de si mesmo e muito dos outros, além do aceitável. Em conseqüência, a irritação o acompanha e o corrói quando você e as pessoas não correspondem aos seus elevados padrões de exigência. Esse padrão mental de constante tensão e corrosão emocional interfere em meu trabalho, pois o estresse constante me obriga a fabricar maior quantidade de suco gástrico.

— E daí?

— O suco gástrico é essencialmente ácido, agressivo, e você pode imaginar as conseqüências de uma produção excessiva de ácido atacando um estômago vazio.

— Então é por essa razão que o médico, dentre outros remédios, receitou-me um calmante para melhorar a gastrite?

— Não tenho dúvida. E você reconhece que melhorou quando fez uso da medicação, não é verdade?

— Admito que os sintomas diminuíram sensivelmente, mas, quando terminei o tratamento, tudo voltou ao que era antes.

— É que não houve mudança de sua parte. Você não levou a sério os conselhos do médico para equilibrar a alimentação e levar uma vida mais calma. Eu vibrei de alegria quando o médico falou para você controlar o estresse, diminuir a carga de trabalho e se preocupar menos com o rendimento profissional. Como nada mudou, eu não lhe dei sossego.

— Continuo desconfiando dessa sua amizade. Você não compreende que a vida é uma luta, que preciso matar um leão por dia para levar comida para casa, que se não for valorizado na empresa vou acabar perdendo o emprego e colocar em risco a minha reputação no mercado de trabalho?

— Ora, eu não acho que você é a sua "reputação profissional". Isso seria reduzi-lo a uma porção infinitamente menor do que você realmente é. Não leve tão a sério essa idéia de que você é o seu trabalho.

— Ah, você está me pedindo então para ser irresponsável!

— Você está muito preocupado com aparências, com a imagem que os outros possam fazer a seu respeito. Você se preocupa muito em querer mostrar que é o máximo, o melhor, o mais competente.

— E isso não é bom?

— Respondo-lhe com uma pergunta: você é feliz com aquilo que faz hoje?

— Ainda não. Ambiciono chegar a melhores postos na empresa. Para falar a verdade, eu quero mesmo é ser um grande executivo, daqueles raros que são disputados pelas melhores empresas. Mas me diga uma coisa: o que isso tem a ver com a minha gastrite?

— Tudo. Você ainda não é feliz hoje. Está na dependência de algum fator externo e futuro que possa, quem sabe, saciar sua fome de reconhecimento, que nada mais é do que necessidade de carinho e afeto. Se não consegue ser feliz com o que é, com o que tem, com as suas conquistas, jamais será feliz amanhã.

– Você está querendo dizer que minha gastrite tem origem na minha infelicidade?

– Sinto muito em dizer que sim. Além dos desequilíbrios alimentares, a carência afetiva está na base da sua enfermidade. Aliás, é ela quem também desencadeia os problemas com a alimentação. Você busca no sucesso profissional uma forma de compensar buracos afetivos. Sua fome é de amor, e porque não se ama, sente-se inferior, alguém que a toda hora precisa provar o seu valor. Você precisa provar que é o melhor porque no fundo se sente o pior. Por isso, nada lhe basta, nada lhe preenche, nenhuma vitória será capaz de saciar sua fome interior. Você busca sucesso profissional para ser feliz, quando na verdade deveria primeiro ser feliz para que o sucesso venha como conseqüência. Você concorda comigo?

– Reconheço mesmo que sou insaciável. Nada do que consegui até hoje me bastou. Tenho um bom emprego, mas isso não me preenche. Nem consigo sentir alegria pelas conquistas que já alcancei. Tenho um diploma universitário, tenho bens materiais suficientes para uma vida digna, tenho uma boa família, mas nunca sequer comemorei minhas conquistas.

— Nada do mundo exterior preencherá um buraco que está na sua alma. Sua fome não é de comida, de prestígio, sua fome é de afeto.

— Meus pais nunca se importaram com isso. Eles cuidaram muito do meu corpo, e esqueceram que eu era alguém que, mais do que comida e roupa lavada, precisava muito de carinho e atenção.

— Puxa, começo a gostar desta conversa, pois você está mergulhando mais fundo nos seus sentimentos. Fale mais sobre a sua infância.

— Eu trago a sensação de que nunca consegui agradar meus pais. Eles exigiam muito de mim, cobravam-me muitas responsabilidades, não me davam moleza. Se na escola eu tirava uma nota nove, eles me perguntavam o que tinha faltado para o dez. Não me lembro de ter sido elogiado, mesmo quando era considerado o melhor aluno da classe. Para eles, não fazia nada mais do que a minha obrigação. Talvez por isso hoje eu procure avidamente a perfeição.

— Você ainda está buscando a aprovação dos pais. No fundo, quer ser amado por eles.

— Estou errado? Não tenho esse direito?

— Compreendo que a sensação de ser amado por alguém nos faz muito bem. Todavia, você não pode ficar refém de um tipo de amor que gostaria de receber.

— Como assim?

— Seus pais fizeram o que podiam. Eles o amaram da forma como podiam amar. Talvez não fosse a forma como você gostaria, mas foi a única maneira que eles sabiam expressar. Até porque, é bom que você não ignore, eles mesmos eram carentes de amor. Não podiam dar o que não tinham.

— Então me diga: como resolvo esse problema?

— O primeiro passo é tomar consciência da carência de afeto. A doença é uma forma de conscientizá-lo de que existe um sofrimento interno não atendido. Curar, em última análise, é cuidar da sua carência. E compreender que seus pais o amaram da maneira que eles sabiam amar e que agora você não pode deixar sua felicidade na dependência do amor que não recebeu dos outros. A maioria das pessoas também não se ama, por isso como esperar que elas nos amem? É hora de crescer emocionalmente.

— Diga-me, como posso fazer isso?

— Aceite que você já é bom o suficiente, que seu jeito único de ser é a pura expressão do amor divino em você. Reconheça que tem talentos, capacidades, e que não precisa provar nada a ninguém. Goste de si mesmo, tenha bons olhos para si, trate-se bem, ame-se, enfim. Ria mais de si mesmo, admire-se sem arrogância. Não se sinta inferior ou superior a quem quer que seja. Ande mais despreocupado com o futuro, com o seu desempenho, viva mais solto, leve. Confie na vida, confie em Deus, você somente está no mundo para ser feliz. É a única coisa que a vida lhe pede. Seja feliz.

– Poderia me sugerir alguém que tivesse conseguido viver dessa forma?

– Jesus de Nazaré.

– Mas eu não sou Jesus!

– Ele é o caminho.

– Mas Ele sofreu muito!

– Você está sofrendo muito mais do que Ele.

– Mas eu não tenho uma coroa de espinhos.

– Tem espinhos encravados na alma, o que é muito pior.

– Porém, não me pregarão na cruz.

– Você já está crucificado com os pregos do desamor por si mesmo.

– Por favor, ajude-me a sair dessa cruz dolorosa.

– Siga Jesus.

– Abandonar minha carreira? Minha família?

– Não, nada disso. Abandone esse sentimento de inadequação perante a vida, essa carência afetiva, esse desejo insano de ser reconhecido a qualquer preço. Viva mais pelo coração.

– Como é viver pelo coração? Como se faz isso?

– Viver pelo coração é estabelecer o amor como filosofia de vida. Paulo de Tarso, o apóstolo de Jesus, escreveu que o amor é paciente e bondoso. Então, seja paciente consigo mesmo e com as pessoas à sua volta. A paciência evita *a irritação e o azedume, estados emocionais tão prejudiciais à saúde. Seja bom para si mesmo, o que lhe apontará para a necessidade de cuidar melhor do seu corpo, nutrindo-o com alimentos mais saudáveis, com exercícios regulares e com o abandono de vícios nocivos ao seu equipamento orgânico. A bondade também apontará para um estilo de vida mais humano, mais tolerante com as suas imperfeições e as alheias. Em última análise, o amor fará uma integração de todos os aspectos do ser, e isso lhe trará paz de espírito, alegria de viver e profundo amor à vida.*

– Puxa, você falando assim até me dá vontade de mudar...

– Muitos falam que o amor é maravilhoso, porém poucos se decidem por vivê-lo. A hora da mudança é agora. Não espere mais sofrimentos para mudar. Não espere pela úlcera ou por um tumor. Pare de sofrer, e o amor é o maior antídoto, a maior vacina, a melhor cirurgia para nossas enfermidades.

– Posso deixar de ir ao médico?

– Não, ele é um emissário de Deus para aprendermos a respeitar a vida que corre em nosso corpo. Saiba, porém, que não é ele o responsável pela sua cura. Jesus curou muitas pessoas que depois voltaram a ficar doentes. Porque, na essência, toda cura é uma autocura. O médico prescreve o remédio, mas é você quem deve ingeri-lo. Jesus prescreveu o amor como o remédio da saúde integral: a você compete saber se vai tomá-lo ou se vai morrer por falta de amor.

– *Obrigado, meu amigo, por essa conversa tão importante. Espero que você continue me ajudando a crescer, e sempre que perceber qualquer desvio, por favor...*
– *Pode deixar comigo, ainda tenho um estoque inesgotável de labaredas.*

Leonel acordou assustado com aquele sonho tão real. Havia dormido mais de oito horas ininterruptas, o que era surpreendente para quem vivia com insônia. Sentia-se muito bem, olhou para o criado-mudo e viu as pastilhas para azia, prontas para serem consumidas como fazia todos os dias ao despertar. Mas estranhamente não estava com queimação no estômago, sentia-se muito bem, alegre, feliz. Levantou-se. Estava decidido a jogar as pastilhas fora. Doravante, somente cápsulas diárias de amor, as mesmas receitadas há mais de dois mil anos pelo excelso terapeuta Jesus de Nazaré.

A fonte da juventude

SEGUNDA-FEIRA. Oito horas. Fui à academia para minha aula de tênis. Sentia que havia duas pessoas dentro de mim; uma queria ficar na cama dormindo, outra vibrando para entrar na quadra. O desejo de perder a barriga foi mais forte e nocauteou meu lado sonolento.

Dizem que a minha reforma íntima deve passar pelo estômago, embora sempre acreditasse que fosse pelo coração. Para tanto, devo comer jiló, folhas verdes e cruas, soja em abundância, chá verde adoçado com estévia. Nada de churrasco, pizza, hambúrguer, torresmo, feijoada, refrigerante e esfirra. E doces, nem pensar. Açúcar virou veneno em pó. Ah, os sonhos recheados de creme, aqueles que minha avó trazia da Confeitaria Colombo, me deixam com água na boca de menino. Estou perdido.

Não tenho culpa de que fui educado ouvindo todos os dias "*mangia che ti fa bene*". Agora me dizem que, além de fazer mal para o corpo, a comida entorpece o espírito. Será mesmo?

— Olha, De Lucca, você não leu que no plano espiritual superior os espíritos se alimentam apenas de sucos e sopas?

— Eu li, meu amigo, o problema é que não estou no astral superior, tampouco desencarnei para só me alimentar desses concentrados energéticos, que devem ser muito bons para quem vive nas esferas de luz.

"Não me venham, portanto, com essa conversa de que comida vegetariana é própria dos espíritos evoluídos. Pelo menos não aqui na Terra. Já vi muito carnívoro amoroso e também muito vegetariano intolerante. Hoje em dia há pessoas que, para defender os animais, andam matando gente a grito. Por favor, não me mordam...

Incomoda-me a idéia de que, para nos espiritualizarmos, precisaríamos negar a matéria, e tudo aquilo de bom que ela nos oferece. Reminiscências da clausura? Pode ser. Alguns desejam tanto se elevar espiritualmente que acabam tornando suas vidas insípidas e, para ser mais franco, entediantes, insossas. Já reparou que muitos até não cuidam da aparência? *A pessoa era vistosa, até se tornar religiosa. Ficou pálida, é tão espiritualizada que parece um cadáver. Meu Deus!* Soube que Chico Xavier foi duramente criticado quando passou a usar peruca. Diziam que era vaidade. Ora, apresentar-se de forma agradável às pessoas denota alguma imperfeição espiritual? Muitos talvez acreditem que uma pessoa espiritualizada deve ser feia, mal vestida, pálida e magra como um faquir. Julgam a pessoa por aquilo que ela é por fora."

Será a privação completa o caminho correto? Será que precisamos de uma total abstinência ou de uma completa moderação? A primeira é mais fácil, a pessoa priva-se por completo dos prazeres, não corre riscos, mas não aprende a controlá-los, a usá-los até a medida do bom senso. Se Deus dotou o mundo material de belezas físicas e sabores maravilhosos, acredito que tudo isso tem a sua utilidade e importância, pois do contrário nem precisaríamos ter reencarnado; ficaríamos eternamente no mundo astral tomando sopa de jiló.

Aceito discutir gastronomia por razões de saúde, e não de evolução moral. Os antigos comiam tudo o que hoje nós evitamos, ou tentamos evitar, e ninguém falava que eles tinham problemas de colesterol, pressão alta, diabete ou que fossem seres inferiores porque comiam toucinho. Talvez a comida dos nossos antepassados não fizesse tão bem à saúde, admito essa possibilidade, porém eles tinham uma virtude que nós perdemos: antigamente, a mesa era sagrada. A hora da refeição era um momento importantíssimo da vida familiar. Todos se sentavam à mesa, cada um tinha o seu lugar definido e todos comiam o que era servido, desde o jiló até o frango. Ai de mim se dissesse que não queria escarola. Hoje as crianças escolhem o que querem e o que não querem comer. As mães ficam desesperadas quanto a definir o cardápio; elaboram de três a quatro pratos diferentes tentando agradar cada membro da família.

Pior de tudo é ver cada um comendo longe da mesa; um na sala, outro no quarto, mais um diante da televisão e outro no computador. E a mesa vazia. Vazia de conversa, de convívio, de alegria, de comunhão. Na Santa Missa, o ponto culminante é a comunhão, o momento em que o fiel se alimenta simbolicamente do corpo de Cristo e se une a ele pelos laços da fé e do amor. Nossas mesas perderam o momento da comunhão afetiva, por isso as famílias andam tão anêmicas de carinho, amizade e cumplicidade. Acredito firmemente que, embora tenhamos hoje maiores noções sobre alimentação, nossas refeições estão carentes de sentido, e o vazio emocional de comer muitas vezes sozinho faz com que os alimentos não consigam saciar nossa fome de vida compartilhada. Minha crença acaba de ser confirmada por um estudo feito pela Universidade de Minnesota, nos Estados Unidos, comprovando que refeição em família faz bem à saúde.

Minha mãe cozinhava muito bem. Cozinhava com prazer, acho que esse era o segredo. Um dia antes de regressar ao mundo espiritual, mal conseguindo falar, pediu a meu pai para comprar peras argentinas; já contei essa história em outro livro[4]. Cozinhar era uma forma que minha mãe tinha de servir ao próximo. Penso que na cidade espiritual onde se encontra dona Manoela anda mexendo nas panelas. O pessoal de lá não ia perder essa oportunidade. Sabe, confesso que trocaria um ano de minha vida por um dia com minha mãe na cozinha. Ela cozinhava e contava histórias, preparava o bife acebolado e me dava conselhos, mexia a polenta e me falava de justiça. A semente do juiz que hoje sou foi minha mãe quem plantou no altar da cozinha. Era lá que o fogo do seu coração estava sempre aceso.

Mas, voltando à minha aula de tênis, eu aguardava a quadra ser liberada pelo aluno das sete horas, e aproveitei para vê-lo jogar. Foi só aí que me dei conta de que o aluno era um senhor bem idoso, mas que na quadra demonstrava uma jovialidade de dar inveja a muitos mocinhos. Ele jogava como um menino, ágil, flexível, com excelente movimentação na quadra. Observei também que ele jogava feliz, alegre, brincalhão. Eu não podia perder a oportunidade de descobrir a fonte daquela juventude.

– O senhor joga muito bem, hein?

– Você quer dizer muito bem para a minha idade, não é mesmo? – respondeu-me, com um belo sorriso.

– Bem, não posso deixar de reconhecer que não é muito comum pessoas com a sua idade parecerem tão joviais.

---

4. *Com os olhos do coração*, Petit Editora, 2005. (Nota do Editor)

— Eu concordo. Mas também conheço muitos jovenzinhos bem idosos.

— Confesso que às vezes me sinto mais velho do que a minha certidão de nascimento.

— Juventude ou velhice é um estado de espírito, não um determinado número de anos a que se chega.

— Como o senhor se conserva tão jovem?

— É simples. Minha primeira regra é não ficar pensando que estou velho, tampouco que estou próximo da morte. Isso deve ser péssimo, você acaba morrendo antes da hora. Minha segunda conduta é constatar que todos nós carregamos dois arquivos interiores; num arquivo, que denomino de arquivo morto, nós depositamos os fatos e ocorrências tristes; noutro arquivo, que chamo de arquivo vivo, nós guardamos as lembranças felizes, as recordações alegres que fizeram a nossa vida mais encantadora. Raramente mexo no arquivo morto, abro-o apenas para jogar as emoções tristes que não me fazem bem. Depois fecho o arquivo e não volto a abri-lo. Já o arquivo vivo eu abro todos os dias, preencho o meu dia com lembranças felizes, recordo minhas conquistas profissionais, os amores que amei, os momentos alegres que passei ao lado dos amigos e familiares, relembro minhas canções preferidas, admiro as crianças sorrindo, os jovens enamorados, enfim inundo minha alma de tudo quanto é belo, de tudo quanto é lindo. Eu não tenho nenhum conflito, nem comigo, nem com os outros. Vivo feliz.

– E o senhor se sente bem fisicamente?

– Estou na melhor fase de minha vida, meu amigo. Não tenho doença alguma. Estou jogando tênis como nunca, dirijo cada dia melhor, tenho excelente reflexo ao volante, enxergo bem, minhas mãos estão firmes para os trabalhos manuais que executo, enfim, repito, estou na minha melhor fase.

– O senhor poderia me contar o nome de seu médico?

– É claro, é o doutor Riso. Muito bom...

– Me desculpe a indiscrição, mas já que o senhor é assim tão jovem, poderia me dizer a idade?

– Ah, eu estava esperando por essa pergunta. A fonte da juventude, meu amigo, está exatamente em não se fixar em nada, em nenhum condicionamento. E idade é um condicionamento dos mais implacáveis. Na vida, não conta muito o que você olha, mas o que você vê. Tenho como lema um provérbio russo que afirma ser o passado um farol, não um porto. O agora é o meu porto, o porto de onde meu barco parte para as incertezas do mar. Aí está o segredo da juventude.

Quero ser um cisco

RECUEMOS NO TEMPO, vamos dar asas à nossa imaginação. Voltemos ao longínquo ano de 1910, no distante vilarejo de Pedro Leopoldo, Minas Gerais.

Entremos na pequena casa onde vive a família Xavier. O dia é dois de abril, o lar está em festa com a chegada de mais um filho. Seu nome: Francisco, por certo uma homenagem da família católica ao santo de Assis. Não se imaginava, porém, com que humildade, pobreza e amor aquele Francisco, de Pedro Leopoldo, levaria sua vida.

Ninguém provavelmente acreditaria que, naquela casa tão singela, naquela família tão simples, naquele povoado tão desconhecido, Jesus fez renascer um dos seus mais diletos servidores com a missão de impulsionar o progresso espiritual da humanidade.

Desde pequeno, Francisco tinha a alma tão pura que era capaz de ver a alma dos mortos. Tinha tanta lucidez nas visões espirituais que os vivos logo o chamaram de louco.

E quantos loucos hoje se encontram nos sanatórios porque fecharam os olhos às realidades do espírito...

Francisco cresceu e sua alma cresceu mais ainda. Tinha o espírito tão sensível que era capaz de ficar mais triste dos que os tristes. Derramou rios de lágrimas ao lado de mães desesperadas pranteando a morte dos filhos. Enquanto muitos perdiam anos de suas vidas nas mesas de bares, Francisco conquistava a vida eterna perdendo sua vida na mesa do intercâmbio com os mortos. É morrendo que se vive para a vida eterna, já escrevera o Francisco lá de Assis.

Mesmo sem ter o que comer, Francisco, de Pedro Leopoldo, dividia o último pedaço de pão da própria mesa com os famintos do caminho. Sua carência era abundância para os pobres. O pão escasso multiplicava-se em fartura, como nos tempos do Cristo, saciando a fome de centenas de estômagos vazios.

Francisco não era apenas uma estrela distante dos homens. Fez-se luz permanente e clareou o caminho de milhares de criaturas perdidas sem rumo existencial.

Conhecido em todos os setores sociais, fazia questão de permanecer anônimo entre os que vertiam lágrimas de aflição. Venerado por irmãos de todos os credos religiosos, beijou as mãos de todos aqueles que lhe pediam a bênção da paz.

Espírita convicto, jamais exigiu adesão ao Espiritismo aos que lhe buscavam socorro espiritual.

Pediu perdão a Deus pelas próprias faltas quando consolava irmãos no cárcere.

Encobriu os imensos dotes mediúnicos para que ninguém se sentisse pequeno diante de sua grandeza espiritual.

Portador de inúmeras enfermidades, curou centenas de almas.

Injuriado durante toda a vida, falou como poucos sobre a importância do perdão.

Cansado, trabalhou como nunca.

Agredido fisicamente, consolava corações que se sentiam violados por simples aborrecimentos do cotidiano.

Pobre, viveu toda a riqueza do seu espírito.

Solitário, fez-se companhia dos que viviam abandonados na miséria, na orfandade, na doença e no desespero.

Embora pudesse habitar esferas do mundo espiritual superior, preferiu viver 92 anos de sua vida num mundo de provas e expiações.

Aclamado como espírito de luz, fez questão de dizer que era apenas um cisco.

Mesmo assumindo publicamente a condição de espírita, foi aclamado e reconhecido pelos crentes de outras religiões como o homem chamado "amor".

No dia 30 de junho de 2002, quando a nação brasileira estava em festa pela conquista do campeonato mundial de futebol, o cisco, Chico, resolveu sair de fininho pela porta dos fundos, deixando o mundo feliz porque o povo estava muito feliz. Como ele gostava do povo, como ele gostava de gente por perto, como ele se identificava com a multidão!

O homem santo não vivia nas nuvens espirituais. Gostava das coisas da Terra, sem se tornar escravo delas. O cafezinho, o arroz com feijão, as colheradas de doce de leite, umas boas gargalhadas, as músicas de Roberto Carlos e dizem até que Francisco torcia pelo Corinthians...

Mas o cisco não se apagou. As estrelas nunca se apagam. Ele continua brilhando no céu de nossa vida. Francisco brilha nos mais de 400 livros que saíram de suas mãos, nos pratos de sopa que no Brasil todo são distribuídos em seu nome, nas mensagens de consolação que espalhou pelo mundo, no exemplo marcante de que amar é possível e que somente o amor nos faz verdadeiramente felizes.

Essa estrela brilha entre nós, não está perdida no oceano do universo, continua a nos tocar de perto despertando-nos para as realidades da vida além dos estreitos limites da matéria.

Não descremos que essa estrela chamada Chico Xavier se encontra entre nós, pertinho de você neste instante, enxugando as suas lágrimas e dizendo para retomar a caminhada, levantar e seguir no rumo de dias melhores.

Sinta a presença do cisco entre nós, sinta a energia do seu amor que nos arranca da solidão espiritual e nos estimula a crescer e a sair do nosso egoísmo.

Chico, fique aqui mais um pouco, fale-nos mais de Jesus, fale-nos mais de amor, pegue a nossa mão e nos ajude a sermos também um cisco de Deus.

Encontro no cemitério

SEGUNDA-FEIRA, três horas de uma tarde quente de verão. As nuvens carregadas prenunciavam chuvas a qualquer momento. Na cidade de São Paulo, o velório do cemitério da Quarta-Parada estava praticamente vazio. Cláudio Medeiros, espírita com expressivas faculdades mediúnicas, foi prestar a última homenagem a Eleonora, sua vizinha, que desencarnara no dia anterior. Cláudio trazia um sentimento de gratidão a Eleonora; recordou-se das incontáveis ocasiões em que ele, ainda menino e órfão de pai e mãe, morando de favor com um primo que não tinha onde cair morto, sem nada para comer, recebia pelos muros da vizinha um prato de arroz, feijão e carne.

Cláudio acercou-se do caixão e pronunciou emocionada prece de gratidão à benfeitora que retornara à pátria espiritual na condição de alma vitoriosa. Despedindo-se dos que ficariam para o sepultamento, Cláudio retirou-se do velório em direção ao ponto de ônibus localizado na avenida Álvaro Ramos. Para tanto, teria de cruzar todo o cemitério. Foi o que fez, sem nenhum temor.

No trajeto, caminhando entre campas e mausoléus, refletia sobre o sentido da vida.

"Que conquistas aquelas almas, cujos corpos estavam ali sepultados, levaram para o mundo espiritual?", perguntava Cláudio a si mesmo. Pensativo, relembrou que o homem nasce e morre sem nenhum bem material, por isso a maior riqueza que ele não poderia deixar de conquistar era a riqueza da alma, o patrimônio formado pelos bens espirituais. Em meio às suas reflexões, Cláudio estancou o passo e perguntava se aquelas almas teriam sido ricas de amor, de compreensão, de amizade, de afeto pelos familiares, milionárias de justiça, de ética, de respeito ao próximo. E foi nesse turbilhão de pensamentos que alguém lhe dirigiu a palavra:

– *Ei, você aí, pode me ajudar?*

Cláudio percebeu que o chamado não vinha deste mundo. Sintonizou o pensamento em Jesus e detectou, pelas lentes da mediunidade, que a súplica partira de um espírito que se escondia entre as sepulturas, alguém que havia sido homem na derradeira passagem pela Terra. O médium notou que o habitante do Além estava muito abatido e com aspecto doentio. Barba crescida, cabelos desalinhados, vestia um terno preto completamente rasgado por onde se viam hematomas pelo corpo. Cláudio sentiu o amparo de Anacleto, seu guia espiritual, que o estimulara ao contato fraterno com o espírito enfermo.

– Você precisa de ajuda? – perguntou o médium.

– *Sim, por favor, estou numa situação muito difícil, acho que você pode me auxiliar.*

– Por que acha que eu possa?

– *Percebi em você uma luz não muito comum entre os que vivem na Terra, parece que você é do bem, quem sabe pode interceder por mim.*

– Interceder junto a quem?

– *Perante Amon.*

– De quem se trata?

– *Amon é o inspetor do cemitério, ele controla a entrada e saída de espíritos neste local. Ocorre que ele não me deixa sair, diz que fora daqui vou sofrer muito.*

– Não imaginava que havia esse tipo de controle por aqui...

– *Na Terra acreditamos que o cemitério é um lugar de descanso, mas o que vejo por aqui é muita atividade.*

– Você falou na existência de um inspetor, por acaso existe alguma espécie de comando por aqui?

– *Pelo que observo, o cemitério é uma cidade, tem prefeito, guardas, bandidos, tem gente do bem, tem gente do* mal. O inspetor Amon é muito rígido, homem de pouca conversa, já tentei de tudo para convencê-lo a me deixar sair.

— Para poder ajudá-lo, acho melhor você começar a dizer primeiro o seu nome e depois me contar tudo.

— Me chamo Dorival Silveira. Fui um próspero advogado nesta cidade. Tive mulher e filho. Não posso precisar há quanto tempo estou aqui, mas pressinto que faz muito tempo que deixei a vida...

— Mais ou menos 20 anos, meu amigo.

— Meu Deus, quanto tempo! Eu estive muito doente na Terra, fiquei muito tempo internado. O câncer me devorou. Morri muito rico...

— E acordou pobre no mundo espiritual...

— Pelo jeito, sim. Aqui a minha fortuna não vale nada. Tenho sede, fome, me sinto muito fraco. Queria tomar um banho, trocar de roupa, tomar um remédio para aliviar minhas dores...

— Se pudesse fazer tudo isso para você, Dorival, onde gostaria de ir ao sair daqui?

— Iria até o meu escritório de advocacia saber como estão os processos, os clientes, o faturamento...

Neste momento, fortemente inspirado por seu guia espiritual, cuja presença Dorival não era capaz de registrar, Cláudio observou:

— O inspetor Amon está certo, você não teria estrutura para suportar certos fatos.

– *Me diga o que aconteceu* – exclamou Dorival visivelmente agitado.

– Quer saber mesmo?

– *Pelo amor de Deus, não agüento mais essa falta de notícia de tudo quanto deixei na Terra, a advocacia, a família, meus cavalos de raça...*

– Você bem disse, Dorival, você deixou tudo, porque tudo trocou de mãos.

– *Não me diga que a esposa e o filho venderam a carteira de clientes? Eu tinha um escritório com mais de cinqüenta funcionários, milhares de causas em todo o país.*

– Venderam, sim. Não só a banca de advocacia, como também as ações na Bolsa, as casas de aluguel, a fazenda, a casa na praia, o haras que você tanto apreciava. Hoje, a ex-mulher e o filho vivem exclusivamente de renda.

– *Por que você disse "ex-mulher"?*

– Porque se juntou com outro homem, cuja permanência com ela durará até o seu dinheiro acabar. E pelo jeito isso não deve demorar muito a ocorrer porque o filho não trabalha mais e gasta fortunas com festas regadas a drogas e prostituição.

– *Meu filho é advogado, ele deveria assumir o escritório, como é que ele joga fora tudo o que eu levei uma vida toda para construir?*

– Você sabe que ele nunca se interessou pela profissão, seu negócio era forjar provas, aliciar testemunhas e autoridades para que seu escritório obtivesse êxito nos tribunais. O amigo me desculpe a sinceridade, mas estou informado de que muitas causas somente foram ganhas porque consciências foram compradas. Na faculdade seu filho aprendeu a lutar pela justiça, mas com você aprendeu que o dinheiro e o poder eram mais importantes do que a justiça. Como querer agora que o filho lhe honre o nome se honradez, na verdade, Dorival, nunca foi o seu forte?

Neste momento Dorival soltou um grito de desespero. Sentiu mais forte do que nunca as dores do câncer, parecia que o coração iria explodir de tanta amargura.

– *Meu Deus, que pesadelo estou vivendo! Isso dói mais do que a própria morte. Morrer não é nada, o difícil é ver a tragédia em que sua vida se transforma depois de deixar o corpo.*

– Tragédia que você construiu quando estava na Terra.

– *Mas o que fiz de errado?* – perguntou Dorival. – *Sempre dei o melhor para a família. Eles tinham de tudo, do bom e do melhor, como se dizia. O que faltou a eles?*

– Faltou exemplificação de sua parte, meu amigo. Mais do que o bem-estar econômico, a família lhe pedia amor, companheirismo e exemplificação no bem.

– *Mas tudo o que fiz foi por amor!*

– Não fez o essencial. Você achou que o conforto material fosse capaz de substituir sua presença no lar. Dava coisas para que os familiares deixassem você à vontade para chegar em casa altas horas da noite, geralmente embriagado e com as mãos sujas de corrupção. Raramente você ficava em casa, raramente fazia companhia à esposa e ao filho. Deixou-os aos cuidados de empregados eficientes, mas os privou de carinho, orientação e exemplos dignificantes. Sem um ideal para viver, posto que cercada de muitas facilidades, a esposa pouco a pouco foi preencher o vazio existencial nos bingos, onde a cada dia vai deixando o dinheiro que sua presença não foi capaz de comprar. O filho cresceu sem nunca ouvir um "não" de sua boca, porque você queria compensar a ausência do lar com brinquedos e todas as facilidades possíveis. Lembra-se de quantas vezes teve que subornar policiais para que o filho não fosse preso por dirigir embriagado? Até dinheiro você deu na escola para que ele passasse de ano. Recorda-se?

— *Pelo amor de Deus, não me fale tudo isso, nunca pensei que um dia teria de me defrontar com essas coisas...*

— Não o estou acusando de nada, caro amigo. Apenas preciso chamar a sua atenção para o fato de que a vida não se resume a um saldo positivo no banco. Há outros investimentos muito mais rentáveis e duradouros a que você não deu importância.

— *Então foi um erro ter sido rico?*

— Não, de forma alguma. O equívoco foi o preço que você pagou para ficar rico. Acha que valeu a pena?

— *Lamento dizer que não.*

— O problema foi pensar que a riqueza lhe daria tudo, que ela era um fim e não um meio de você viver melhor com a família e com o seu próximo. Além do mais, você não cultuou riquezas espirituais, pois sua advocacia tem manchas sérias de corrupção...

— *Mas eu dei muitas esmolas...*

— Migalhas, Dorival, migalhas. De que adiantou, por exemplo, seus donativos à Igreja se insistia em remunerar mal seus empregados?

— *Mas o sacerdote jurou que minhas contribuições me garantiriam um lugar no Céu...*

— Onde está esse Céu, Dorival?

— *Até hoje não vi.*

— Não viu porque ele é construído na intimidade da consciência tranqüila, meu amigo. Seu filho tinha os melhores médicos da cidade, todavia os filhos de seus empregados padeciam dia e noite sem uma gota de remédio. Sua fortuna, Dorival, foi construída à custa de muitas lágrimas...

— *Por isso os empregados me odiavam* — lamentou Dorival aos prantos. — *Recordo-me do dia em que fui procurado por um antigo empregado da fazenda, o Daniel, que me pediu ajuda financeira para operar um filho enfermo de grave doença. Neguei ajuda, e o filho morreu sem a cirurgia que somente poderia ser feita num hospital particular.*

— E o amigo se recorda do que fez com o dinheiro que poderia ser oferecido ao pai aflito?

— No dia do enterro da criança eu comprei alguns cavalos de raça. Nunca mais vou esquecer do ódio com que Daniel passou a me olhar.

— Sabia que esse ódio rompeu gravemente suas defesas energéticas, enfraquecendo o sistema imunológico?

— Então o ódio do meu funcionário me causou o câncer?

— Vamos dizer que facilitou. Você já trazia uma densidade mórbida de outras vidas, fruto de desatinos cometidos no campo da política, e o câncer era uma possibilidade de drenagem dessa carga altamente tóxica.

— Então eu fatalmente morreria de câncer?

— Não, perante as leis divinas não existe fatalidade para o mal. Existem apenas escolhas. Se você tivesse escolhido atitudes mais amorosas em sua experiência carnal, o bem que conseguisse espalhar geraria uma mudança de padrão energético capaz de diluir os resíduos negativos acumulados em outras vidas. Mas, como sempre fechou as portas para o bem, o amigo entrou em faixas energéticas destrutivas que fizeram eclodir o mal que carregava dentro de si mesmo. A tudo isso ainda se soma o largo contingente de injustiças praticadas. Você já parou para pensar nas vibrações de ódio que partiram das pessoas que foram prejudicadas pelas suas fraudes processuais?

— Estou vendo que, antes de enganar a justiça, eu enganei a mim mesmo.

– É justa a sentença que sua consciência acaba de proferir, Dorival. O bem que não se faz é o mal que não se evitou. A caridade que se faz ao próximo vitaliza a saúde de quem coopera para a felicidade alheia. O bem que você não fez e o mal que não evitou teriam sido os remédios que lhe faltaram à própria cura.

– *Jesus não poderia me curar?*

– Para Ele nada é impossível. Mas recorde-se de que, mesmo para realizar o milagre da multiplicação dos pães, Jesus perguntou aos discípulos quantos pães eles tinham no cesto. No seu caso, Dorival, quantos pães você tinha para que Jesus o curasse?

– *Eu era um homem miserável, quantos "nãos" eu pronunciei aos que me pediam um simples pedaço de pão. Meu cesto estava vazio. Jamais pensei em...*

– Amar...

– *Amei apenas a mim mesmo. É a triste conclusão a que chego. Sou um náufrago perdido no mar das próprias ilusões. Construí castelos de areia que hoje desmoronam diante de verdades espirituais em que eu sempre me recusei a acreditar. O dinheiro foi o meu deus, a fortuna foi o meu altar, as aparências foram o cofre onde guardei as serpentes venenosas da vaidade. E hoje nada do que cultuei é capaz de me trazer paz de espírito. Meu Deus, o que será de mim?*

Neste momento aproximou-se o inspetor Amon, surpreendendo Dorival chorando como uma criança. Olhou para

Cláudio agradecendo a cooperação, ao mesmo tempo que se dirigiu a Dorival:

– *Sua saída deste local acaba de ser autorizada pelos meus superiores. Eles consideram que você já está em condições de discernir o caminho que deseja seguir.*

– *Obrigado, inspetor, agradeço mesmo por não ter autorizado minha saída antes, eu não agüentaria constatar com os próprios olhos tantas verdades que me foram reveladas com brandura pelo amigo que Deus colocou em meu caminho. Mas não tenho para onde ir agora, todos os meus castelos se desfizeram, nem sequer tenho alguém para me acolher...*

Tão logo pronunciara suas palavras emocionadas, uma luz muito intensa surgiu à frente de Dorival, um suave aroma de flores campestres tomou conta do ambiente, infundindo respeito e admiração a todos os presentes. Aos poucos, a luz foi ganhando forma de uma veneranda senhora vestida com trajes portugueses, irradiando simpatia e profunda elevação espiritual.

– *Mamãe, mamãe, graças a Deus você se lembrou do seu desventurado filho!* – exclamou Dorival, aos prantos.

– *Meu filho querido, jamais me esqueci de você, sempre estive a seu lado, mas você não conseguia me ver por estar com os olhos espirituais encobertos por tantas preocupações vazias. Fui eu quem supliquei ao inspetor que não o deixasse sair deste abrigo espiritual. E hoje a misericórdia divina permitiu que nosso irmão Cláudio conversasse com você para despertá-lo para as realidades espirituais.*

– E o que será de mim, mãe? Que martírios ainda terei de experimentar?

– Vamos, filho amado, venha comigo, o momento é de renovação e paz, vamos para uma das infinitas moradas onde o Senhor da Vida lhe possibilitará recuperar-se a fim de que, mais tarde, lhe seja possível regressar ao planeta com um pouco mais de maturidade espiritual.

A generosa mãe tomou o filho nos braços e partiu rumo a estâncias espirituais de refazimento. Quem passasse pela avenida Álvaro Ramos, vendo a calmaria do cemitério, jamais poderia imaginar que lá dentro, sob forte aguaceiro, a justiça andava de mãos dadas com o amor.

A resposta do céu

EU ACABARA DE ESCREVER *Atitudes para vencer*[5], e, como sempre tenho feito quando termino um livro, pensava em alguma instituição filantrópica para destinar a remuneração dos direitos autorais da obra. Faço isso como forma de gratidão a Deus por todas as bênçãos que tenho recebido ao longo da existência. Embora tenha nascido num lar de poucos recursos financeiros, nunca passei fome, nunca me faltou estudo, jamais faltou trabalho aos meus pais. Deles ainda recebi conselhos preciosos para viver com honradez e dignidade, lições que até hoje guardo comigo. Se não aproveitar bem esta minha existência, a culpa será toda minha,

---

5. Petit Editora, 2007. (N.E.)

pois nada me faltou para viver feliz. Como recebi muito, sinto-me no alegre dever de retribuir o muito que recebi.

Hoje os direitos autorais de meus livros ajudam mais de 1500 crianças carentes a terem uma vida em que não lhes falte o essencial. Ajudam, também, a Rádio Boa Nova[6] a se manter no ar com uma programação de esclarecimento e consolo espiritual a milhares de ouvintes em todo o mundo. Posso imaginar quantas lágrimas foram enxugadas, quantas vidas foram salvas. Em meus livros, faço questão de identificar a entidade que está recebendo os recursos financeiros por conta da cessão dos meus direitos autorais.

Há quem me critique por achar que estou me autopromovendo. Prefiro, porém, a crítica que a suspeita de ficar com os recursos do livro. Por que teria de omitir que estou fazendo algo que o Cristo mandou fazer? Seria vaidade de minha parte? Não penso assim. Poderiam me chamar de vaidoso se quisesse me promover à custa disso. Mas o pouco que faço não é para parecer bonzinho ou caridoso aos outros. Faço a doação porque me sinto feliz em saber que, de alguma forma, estou ajudando alguém a viver melhor, tanto quanto centenas de pessoas têm me ajudado a viver melhor com suas vidas e suas atitudes. É uma forma de ser grato a Deus. Só isso.

---

6. Emissora da Fundação Espírita André Luiz (sintoniza em AM 1450 em São Paulo e região e também pelo *site* www.radioboanova.com.br). (N.A.)

Tenho certeza de que você também ficará feliz ao saber que, ao comprar este livro, a parcela em dinheiro que me seria destinada será integralmente revertida à entidade social mencionada nas páginas iniciais do livro. Seu dinheiro também estará ajudando esse projeto de amor e amparo fraternal. Além do mais, para quem prega como eu o "Fora da caridade não há salvação" como a mais excelente terapia para os males do espírito, deve exemplificar a recomendação.

E foi assim que busquei inspiração para escolher uma instituição que estivesse precisando dos recursos do novo livro. Abri ao acaso o livro *O Evangelho Segundo o Espiritismo*, e a página que se abriu falava de Zaqueu, o chefe dos cobradores de impostos que encontrou Jesus e fez desse encontro um marco divisório em sua vida. Surpreendi-me com a lição, pois o último capítulo do livro *Atitudes para vencer* contém exatamente reflexões sobre a conversão de Zaqueu. Depois da leitura, entreguei-me à oração suplicando inspiração para meu pedido. Decorridos alguns minutos, senti a presença do Espírito Bezerra de Menezes projetando em meus pensamentos a imagem do amigo Antonio Carlos, presidente da Casa do Cristo Redentor, instituição filantrópica situada em São Paulo. Pude sentir o apelo do Venerando Amigo:

– *Ajude-o, meu filho, a obra que ele dirige está carecendo do nosso amparo. Vamos cooperar.*

Encerrei a prece com o coração exultante de alegria com a inesperada presença de Bezerra, ao mesmo tempo que conservei na alma a veemente súplica que ele me endereçara a favor da Casa do Cristo Redentor. Após alguns minutos, resolvi ligar para o Antonio Carlos, queria saber como estavam as coisas no orfanato, rondei-lhe as necessidades, sem nada dizer do pedido que doutor Bezerra me fizera:

– Ah, De Lucca, estou muito desanimado, as necessidades aumentam a cada dia e os recursos são cada vez mais escassos. Não sei se estou fazendo alguma coisa errada, mas horas atrás, de tanta preocupação, fiz um apelo a doutor Bezerra para que ele me ajudasse a levar adiante a tarefa, pois sem a ajuda espiritual eu não sei como as coisas caminharão.

E a resposta veio mais rápida do que ele esperava...

Teatro da vida

A SALA DE AUDIÊNCIAS regurgitava de pessoas. O entra-e-sai dos envolvidos nas tramas judiciárias me deixava a labirintite em alerta. Enquanto realizava uma audiência, ouvindo várias testemunhas, advogados aguardavam a oportunidade de um despacho. Sei quanto sofrem os advogados com a espera. A espera da sentença, a espera de alguém que o atenda no balcão de cartórios apinhados de outros tantos advogados também ansiosos por um olhar de atenção. Enquanto se realizava a audiência, notei que um jovem advogado se mostrava irrequieto na porta da sala. Queria entrar a qualquer custo. Só não o fez porque um funcionário insistiu para que ele aguardasse o término dos trabalhos.

Vinte minutos depois, a audiência terminara. Mal saíram as partes da sala, o desassossegado causídico entra com uma petição em punhos, parecendo manejar uma espada. E eu seria a vítima. Inusitadamente, jogou o requerimento na minha mesa:

— Dá para despachar logo ou vou ter que esperar mais uma hora?

Fiquei pasmo. Nunca havia presenciado algo tão grotesco, e olha que eu já tinha mais de 15 anos de carreira. Indignado, o sangue me subiu à cabeça. Estava irado; pronto para repelir severamente a atitude agressiva e descortês de que fui vítima. Abaixei a cabeça, como que a tomar fôlego para o que eu, não sei bem o quê, iria dizer. E foi neste exato instante que escutei uma voz espiritual me indagar:

"E se esse jovem advogado fosse seu filho, como é que gostaria que ele fosse tratado?"

Aturdido com a indagação, levantei a cabeça e tomei outro susto. Bem diante de mim, como que num passe de mágica, desaparecera o advogado. Em seu lugar avistei meu filho, um pouco mais velho, vestido de terno e gravata, como se advogado fosse. Olhar súplice. Implorava socorro e orientação. Travei a voz. Fiquei sem saber o que estava acontecendo. Um turbilhão de idéias agitava minha mente, e tudo isso ocorria em fração de segundos. Que mensagem estaria recebendo de Deus? Por certo eu precisava enxergar algo além, além do que estava captando. A pergunta martelava a minha cabeça. Suspirei fundo, meditei e respondi.

"Se fosse meu filho, eu gostaria que o juiz usasse de compaixão para com ele."

Entendi a mensagem. Uma geleira derreteu por inteiro minhas brasas. Não sei quanto tempo durou esse momento, mas foi o suficiente para que eu reconsiderasse minha postura. É claro que eu gostaria que meu filho fosse compreendido, ainda que tivesse cometido o mais hediondo dos crimes. Não somos assim? Agimos com rigor e vingança com aqueles que nos causam algum prejuízo, porém clamamos por brandura e entendimento quando somos os responsáveis pelo prejuízo. Defendemos a pena de morte, desde que o criminoso não seja alguém que amamos. Nisso reside a origem de todos os conflitos de relacionamento: tratamos os outros da forma como não gostaríamos de ser tratados. Virei do avesso a frase de Jesus: trate o seu irmão da mesma forma como gostaria de ser tratado.

Despertei das minhas reflexões e volvi o olhar ao meu redor. Estava lá o advogado me olhando com uma cara assustada. Ele provavelmente achou que eu delirava.

— Está tudo bem com o senhor, excelência?

— Está sim, meu filho...

— Por que me chama de filho?

— Por um instante pensei que fosse, e além do mais tenho idade para ser seu pai...

— Não me fale essa palavra!

— Por que tanto ódio? Entrou agressivo na minha sala, parecia estar bem desequilibrado...

— É que tive uma violenta discussão com meu pai antes de vir despachar com o senhor. Falei poucas e boas para ele...

— O que ocorreu?

— De uns tempos para cá meu pai me trata com muita grosseria, grita comigo a todo o momento, tem explosões de cólera, parece que sou um inimigo. Ele também é advogado, tem muita experiência, e não confia em meu trabalho. Ele rasga as minhas petições, diz que só escrevo bobagens. Eu não suporto mais tantas humilhações...

— Quer me parecer que seu pai anda doente, não é mesmo?

— O senhor acertou. Ele tem câncer de fígado, está muito doente, precisa urgentemente de um transplante. Se isso não ocorrer logo, provavelmente não vai agüentar muito tempo. Não sei o que vai ser da minha vida sem meu pai. Eu o amo, mas ao meu tempo estou com ódio dele. Como isso é possível, meu Deus?

O rapaz pôs-se a chorar, copiosamente. Pude entender o motivo pelo qual ele entrou furioso na minha sala e fez o que fez. De alguma forma, ele transferiu para a figura do juiz o descontentamento que sentia em relação ao genitor. Solicitei à minha secretária que trouxesse um copo de água para acalmá-lo. Depois, retomei o diálogo:

— Procure entender que seu pai está enfermo, muito enfermo, e somando-se a isso sente a morte cada vez mais próxima; ele não está com o equilíbrio perfeito para tratar de assuntos tão estressantes como defesas jurídicas. Ele é seu pai, exige muito de você porque o ama, quer que você seja um bom advogado, que tenha um futuro brilhante. Apenas não está conseguindo passar isso de uma forma carinhosa em virtude do momento crítico que está enfrentando. Procure compreendê-lo, ponha-se no lugar dele, já imaginou as dificuldades emocionais que ele está vivenciando?

— O senhor tem razão. Estou sendo egoísta ao pensar somente em mim.

— Esse é o nosso grande problema. Olhamos apenas para o nosso umbigo. Volte para o escritório, peça desculpas a seu pai, releve o que ele lhe tem dito, não reflete a verdade dos sentimentos que tem em relação a você. No fundo, ele lhe quer muito bem. Faça isso ainda hoje. Não postergue a reconciliação, isso ajudará seu pai a enfrentar melhor o momento crítico de agora.

— Vou fazer o que me pede. Quero agradecer sua compreensão, e acho que devo começar pedindo desculpas pela forma como me dirigi ao senhor.

— Deixa isso para lá, já esqueci do ocorrido.

— O senhor tem bom coração...

— Não, meu amigo, apenas o desejo de que amanhã meu filho seja também compreendido. Ficaria triste se alguém o tratasse com rispidez caso viesse a se equivocar, o que por certo mais cedo ou mais tarde acabará acontecendo.

    O jovem se despediu e eu me senti em paz. Agradeci a Deus a experiência que acabara de ter, ao mesmo tempo que roguei fixar a lição em meu coração para que conseguisse sempre fazer o exercício do "e se fosse...". "E se fosse meu filho", "e se fosse minha mãe", "e se fosse comigo"... Acho que a evolução se faz por meio de um grande teatro. Cada vida uma peça. Em cada peça interpretamos um personagem diferente. Assim, vivendo vários personagens por intermédio das reencarnações, aprendemos a sentir o que os outros sentem; e com isso desenvolvemos a compreensão e o amor.

    Um mês se passou, e eu já havia esquecido o episódio. Um dia, ao término do expediente, o funcionário me informa que um advogado gostaria de trocar algumas palavras comigo. Mandei entrar. Era o jovem advogado.

— Doutor, vim aqui lhe agradecer.

— Mas ora, agradecer do quê? Eu é que lhe devo gratidão pelo aprendizado que o nosso encontro me trouxe. Sabe que a partir daquele dia acho que estou tratando melhor as pessoas?

— Puxa, que bom...

— Mas, me diga, como está o seu pai?

— Papai morreu, doutor, morreu uma semana depois que estive aqui.

— Não me diga! Meus sentimentos...

— Aquela semana foi a mais linda que vivi ao lado de meu pai. Depois que saí do fórum, voltei para o escritório e o surpreendi chorando, às escondidas. Aproximei-me, abracei-o e pedi desculpas por minha conduta egoísta. Contei-lhe o que havia ocorrido no fórum, falei dos conselhos que o senhor me dera. Pedi-lhe perdão por não compreender sua dor. Ele chorou ainda mais, e nós ficamos abraçados por longos minutos. Papai confessou seus temores, seus anseios e seu medo de me deixar sozinho no mundo, sem quase nenhuma experiência na advocacia. Falei que ele havia me dado os melhores exemplos de retidão e competência profissional, e que eu seguiria seus passos até o fim da minha vida. Não desgrudei do meu velho nem um minuto sequer. Conversamos em uma semana o que não falamos a vida toda. E ele partiu, partiu sereno, partiu confiante que eu saberia levar minha vida sem os seus conselhos profissionais, partiu esperançoso de que eu encontraria na vida outras pessoas como o senhor que, num momento de engano de minha parte, agiu como ele agiria se estivesse por perto.

Não contive as lágrimas que insistiam em correr dos meus olhos. Queira Deus meu filho também encontre um dia pessoas que também pensem "e se fosse...".

Brilhe a sua luz

CERTA FEITA, EM MEU programa semanal[7] na Rádio Boa Nova, fiz uma afirmação que mexeu com a cabeça de muita gente. Uma ouvinte tinha me enviado um *e-mail* afirmando que, por todo o meu trabalho espiritual, eu era um ser iluminado. Agradeci o elogio. E complementei que não apenas eu era iluminado, mas todas as pessoas também eram seres de muita luz, autênticos benfeitores espirituais. Aí nasceu a contestação indignada de alguns confrades:

— Esse De Lucca é muito arrogante, vaidoso. Ele nem sequer negou o elogio de que era um ser iluminado. Quanta pretensão! E ainda por cima afirmou que todas as pessoas

---

[7]. Todas as terças-feiras, às 9 horas, reprise às 22 horas, pela Rádio Boa Nova (AM 1450 – São Paulo e região ou pela internet: www.radioboanova.com.br). (N.A.)

são seres de luz. Veja se pode. Ele não distingue mais um espírito superior de um espírito inferior, não faz nenhuma diferença entre o virtuoso e o pecador, entre luz e trevas. Deve estar com os parafusos desregulados.

Os que não concordam com o meu pensamento deveriam ficar bravos com Jesus e não comigo. Está no *Evangelho*: "Vós sois a luz do mundo" (Mateus, 5: 14); "Vós sois deuses" (João, 10: 34). Observe que Jesus não conjuga o verbo no futuro. Não diz "Vós sereis". Ele afirma: "Vós sois". Então, de acordo com o Espírito mais perfeito que já passou por aqui, todos nós somos pessoas iluminadas, porque, se não fôssemos, não teríamos luz para iluminar o mundo, como consta das Escrituras. O Nazareno ainda afirma que nossa luz deve resplandecer diante dos homens (Mateus, 5: 16), isto é, nossa essência divina precisa ser refletida com destaque para que todos vejam nossas boas obras.

Na *Bíblia*, afirma-se que fomos criados à imagem e semelhança de Deus (Gênesis, 1: 27), portanto somos deuses, divinos, iluminados. E depois de nos criar, Deus viu que éramos muito bons (Gênesis, 1: 31). Allan Kardec também se refere ao espírito como uma centelha divina (*O Livro dos Espíritos*, questão 613).

É provável que você esteja me perguntando sobre as pessoas que cometem crimes hediondos, que deflagram guerras e semeiam a morte e a destruição. Elas também são expressões divinas, respondo sem hesitar. Apenas estão momentaneamente esquecidas ou ainda inconscientes da luz que trazem dentro de si, preferindo a ilusão do mal em detrimento da felicidade do bem. É como se uma grande nuvem escura pairasse sobre suas cabeças impedindo-lhes de enxergar a claridade do Sol. É preciso que se faça a distinção entre o que somos e o que fazemos. Nossa essência é luz, mas nossos atos podem não estar refletindo essa luz.

Uma das passagens da vida de Jesus que mais retratam essa verdade é aquela em que ele, preso na cruz, sofrendo dores horríveis, exclama que estava com sede. Os guardas deram-lhe vinho misturado com fel. Quanta perversidade! Diante de todos os açoites que recebera, e prestes a desfalecer, porém, Jesus pronuncia uma das mais importantes verdades espirituais de todos os tempos: "Pai, perdoa-lhes porque não sabem o que fazem" (Lucas, 23: 33-34). Jesus nega qualquer condição maligna dos guardas que lhe colocaram vinho com fel na boca provavelmente cortada por muitos ferimentos. Afirma o crucificado que eles não sabiam o que faziam, em outros termos, que não eram maldosos, apenas ignorantes.

Os índios têm algo a nos ensinar. Em algumas tribos do Peru, quando um integrante viola determinada regra de convivência, um conselho, formado pelos índios mais velhos, é convocado pelo chefe do grupo. Não se trata de um tribunal. Uma roda é formada pelos membros do conselho e o índio faltoso é colocado no centro. Cada integrante do conselho tem a oportunidade de fazer o índio equivocado se lembrar de uma ocasião em que ele agiu corretamente, um gesto nobre que ele teve, uma conduta positiva que ele demonstrara à comunidade. Todos se lembram das coisas boas que o índio praticou. Ninguém o critica, ninguém o condena. O índio apenas é lembrado da sua essência divina, da sua alma genuinamente boa.

O que fiz na rádio foi uma espécie de pajelança[8]. Lembrei aos que me ouviam que eles eram centelhas divinas, seres iluminados. Lembrei-os do reino de Deus que está no interior de cada criatura, certo de que esse reino é constituído de paz, amor e alegria. Incomoda-me todo e qualquer processo religioso que, a pretexto de iluminar as pessoas, fica constantemente lembrando o que elas não são. Não deveria ser o inverso? A reforma íntima não deveria ser um processo de esquecimento de todo mal que pensamos de nós mesmos, e, por conseguinte, do mal que pensamos dos outros? Os guias de luz nos pedem para não comentarmos o mal, conclamam-nos a toda hora para esquecê-lo. Mas nós engendramos um processo de reforma íntima em que o mal nunca é esquecido. Isso é torturante, rebaixa nossa auto-estima, apaga a nossa luz.

Aliás, vou ser franco, particularmente não acho adequada a expressão "reforma íntima". Ela me passa a idéia de que, por enquanto, não sou uma boa pessoa, que *estou*

---

8. Ritual mágico realizado por pajé para curar, prever o futuro etc. (N.A.)

com defeitos, tanto é assim que preciso me reformar para melhorar. Isso é psicologicamente desestimulante. Quem vai para a frente assim? Pouquíssimos. A maioria larga a reforma íntima na primeira esquina ao sair do centro. Larga, sim, pois quem está sofrendo precisa de apoio, carece de estímulo positivo, e não de alguém que continuamente nos lembre o que, de fato, temos de esquecer. Você fica brigado consigo mesmo, divide-se e enfraquece-se, e isso bem na hora em que precisa estar muito forte para reunir forças e dar a volta por cima dos problemas. Essa divisão interior reflete-se na saúde, nos negócios, na vida afetiva, enfim em todas as dimensões de nossa vida.

Quantos nos dizem que depois que começaram a reforma íntima suas vidas pioraram! Alguns justificam que são os obsessores que não querem o nosso progresso. Não concordo. Se estou fazendo alguma coisa boa, não posso ter conseqüências ruins. É um contra-senso. Se estou com conseqüências ruins é porque estou fazendo alguma coisa ruim, não estou numa faixa positiva. E essa vibração negativa em minha vida surge da maneira tão maldosa que me olho, carregando culpas de todos os lados. Vivo caçando defeitos em mim, não me aceito como sou, não me valorizo, critico-me constantemente. É muita maldade contra mim mesmo. Quem é que precisa de um obsessor nessas alturas? É provável até que ele fique bem longe de nós para não sofrer influência negativa de nossa parte.

É claro que ainda temos fraquezas, fragilidades emocionais, pontos fracos que precisam ser corrigidos, conflitos que demandam solução. Mas tudo isso somente será diluído com amor e não com martírios psicológicos. Há uma verdadeira obsessão pelo combate às nossas imperfeições. Não sinto que isso seja positivo, pois traz a idéia de julgamento. Quando digo que alguém é imperfeito, que tem defeitos e vícios, estou fazendo um julgamento. Estou fazendo o que o Cristo me pede para não fazer. Não podemos transformar os templos religiosos em tribunais onde as pessoas são julgadas por seus comportamentos. Uma casa espírita é um local onde o amor de Deus deve se manifestar da forma mais intensa possível. E amor pressupõe aceitação incondicional do que somos.

Recebi pela internet uma história contando que, numa cidade dos Estados Unidos, havia duas igrejas localizadas bem próximas uma da outra. Uma igreja era muito bem freqüentada, estava sempre lotada. A outra vivia às moscas, pouquíssimos fiéis. Intrigado com a diferença, o bispo resolveu inspecionar os templos e verificar o motivo de tanta disparidade. E encontrou a razão. Na porta da igreja com poucos freqüentadores havia um cartaz com os seguintes dizeres: "Ó Senhor, que eu possa ver o que há de errado comigo". Na outra igreja, o cartaz era diferente: "Ó Deus, ajude-me a acreditar na verdade sobre mim mesmo, não importa quanta beleza essa verdade possa ter".

A obsessão pelo combate às imperfeições somente fará com que elas se tornem cada vez mais presentes. Tem efeito de fermento. Faz crescer a massa podre das imperfeições. E além do mais me parece uma tática errada, pois o mal não tem existência real, o mal é simplesmente ausência do bem, como a escuridão é ausência da luz. Por isso Jesus nos conclama a fazer brilhar a nossa luz e não ficar brigando com a escuridão. Se você entra num quarto escuro, não adianta ficar reclamando da escuridão, ou mesmo criticar quem deixou o quarto daquele jeito. Você tem de pôr a mão no interruptor e acender a luz. Só isso.

Eu acredito que somos perfeitos dentro da nossa imperfeição. É um paradoxo. Mas ele tem de ser entendido, pois a transformação interior só ocorre quando aceito quem sou neste exato momento. É o único ponto de partida possível. Sem essa aceitação incondicional, jamais conseguiremos viver relaxados, condição indispensável à felicidade, pois experimentamos um eterno conflito entre o que somos e o que achamos que já deveríamos ser. O psicólogo Robert Holden afirma que algumas pessoas acham-se tão ocupadas se esforçando por melhorar que nunca encontram tempo para se aceitar, nunca têm tempo para riso, felicidade e relacionamentos[9].

Mudemos o foco. Viva feliz hoje, pratique a aceitação incondicional, e assim você perderá o medo da carência,

---

9. *Mudanças acontecem!*, Butterfly Editora, 2005. (N.E.)

perderá o medo de ser criticado, abandonará o medo de se sentir inadequado, incompetente, largará o medo de não ser amado, eis o pior dos nossos medos. Com aceitação plena, o amor toma conta do seu coração de tal forma que você se sentirá muito feliz, tratará muito bem a si mesmo e aos outros, terá responsabilidade sobre si próprio, e será uma pessoa adorável em todos os sentidos. Enquanto acreditarmos que temos algo inaceitável, jamais haverá espaço para o amor. E sem amor nunca haverá paz, saúde, felicidade e evolução espiritual.

Por isso eu vou continuar falando aos quatro cantos que todos somos pessoas maravilhosas, iluminadas, cheias de saúde, ricas de energias positivas. Somente assim iremos contagiar o mundo com amor, com o amor que temos dentro de nós. Será que precisarei chamar nossos amigos índios para o convencer disso?

Escolhas

UMA REUNIÃO DE urgência foi convocada na cidade espiritual Porto da Paz, erguida no Além por seguidores de Francisco de Assis. Samuel, Espírito que na Terra desempenha a tarefa de anjo guardião, foi chamado à presença de frei Amâncio, dirigente espiritual da colônia.

— *Meu caro Samuel* — falou frei Amâncio com extrema candura —, *você sabe que o nosso Célio tem se desviado seriamente dos objetivos para os quais voltou ao mundo terreno, não?*

— *Tenho pleno conhecimento disso* — respondeu Samuel, desapontado.

— *Nossa intenção é ter uma noção mais exata da situação, a fim de deliberarmos medidas mais consistentes de socorro ao nosso amigo. Ultimamente temos recebido veementes apelos que partem de corações ligados ao passado espiritual de Célio. Diga-me, Samuel, o que tem feito por nosso companheiro?*

— Fiz de tudo para que a situação não chegasse aonde chegou. Célio praticamente não me ouve, vive alheio a qualquer apelo espiritual que lhe dirijo pelas vias do pensamento. Posso assegurar que há mais de 30 anos ele nem sequer abre os lábios para orar. A verdade é que Célio perdeu o endereço de Deus, e nem pensa em procurá-lo.

— Já tentou a aproximação de algum amigo que lhe pudesse alterar o curso dos pensamentos doentios?

— Sim, frei Amâncio. Uma das enfermeiras que trabalha junto ao nosso amigo, a Mariana, é muito voltada ao Espiritualismo cristão. Inspirei-a para que se aproximasse de Célio, e lhe falasse algo sobre a responsabilidade que cada um tem sobre a própria vida, sobre o seu destino, sobre as escolhas que realiza a cada instante e que implicam conseqüências impostergáveis para quem elege condutas infelizes.

— E a medida não foi proveitosa?

— Não. A princípio, Célio se interessou pelas palavras renovadoras de Mariana, sentia-se espiritualmente bem ao lado dela. Esse interesse, porém, logo se transformou em interesse sexual, e tão logo Mariana percebeu as intenções sensuais do colega, procurou imediatamente se afastar.

— *A situação é muito delicada* — observou frei Amâncio, extremamente preocupado.

— *Muito. O senhor bem conhece os antecedentes em jogo. Célio reencarnou com propósitos bem definidos no campo da espiritualização da medicina. Em sua passagem anterior pela Terra, nosso amigo se equivocou ao extremo. Exerceu a medicina de forma vil, transformando-a num balcão de trocas comerciais. Atestados falsos ele os deu em profusão. Aposentou muitas pessoas precocemente, sem nenhuma necessidade, tudo isso em prejuízo dos cofres públicos e das necessidades evolutivas de cada um. Abortos clandestinos ele os realizou às centenas. E tudo isso à custa de régia remuneração. Célio jamais atendeu uma pessoa que não lhe pudesse pagar os honorários, fechando as portas do seu luxuoso consultório às camadas mais simples da população. Desencarnou vítima de ataque cardíaco e voltou à nossa esfera em situação lamentável. Aqui passou por muitos anos em regime de recuperação, após longo período em zonas de sofrimento. Recuperando a lucidez espiritual, pediu por nova oportunidade, preparou-se para exercer a medicina em condições enobrecidas, reencarnou, mas...*

— *Mas voltou a repetir suas velhas tendências.*

— *Isso mesmo, frei. Hoje Célio é um cirurgião plástico, dos mais renomados dentro e fora do país. Vive em colunas sociais, busca prestígio a todo custo. Sua clientela é formada única e exclusivamente por pessoas famosas, de quem cobra polpudos honorários. Quando, vez ou outra, é chamado a atender a casos graves em hospitais públicos, geralmente de crianças deformadas por graves queimaduras, Célio se nega a atender dizendo que sua agenda está lotada. Lotada, na verdade, de compromissos nos clubes de golfe e nos bordéis de luxo.*

– Temos recebido informações de que nosso irmão ainda se presta a praticar abortos.

– É verdade, frei Amâncio. Nosso Célio se tornou amigo íntimo de muita gente de dinheiro e poder. Tem recebido muito dinheiro matando vidas inocentes. E não é só, frei Amâncio. Nosso irmão vem sendo procurado por traficantes internacionais, procurados pela Justiça de seus países, que desejam mudar traços fisionômicos para não serem reconhecidos. Pelo menos duas cirurgias dessas ele já realizou. E outra está agendada para o mês seguinte; trata-se do mais importante traficante encarnado no momento. Curiosamente, Célio vem sendo "ajudado" pelas trevas para que essa operação seja feita com toda a segurança e presteza.

– A situação é dramática, precisamos agir rapidamente. Consultei o mapa reencarnatório de Célio, e vejo que ele reencarnou com deficiências no sistema circulatório. Posso avaliar que, em razão de seus desequilíbrios constantes, sua saúde esteja bem comprometida – observou, pensativo, frei Amâncio.

– O senhor está correto. Temo que a qualquer momento ele sofra algum colapso circulatório. Devo providenciar

recursos energéticos de nossa esfera a fim de evitar o mal que já antevemos?

Frei Amâncio silenciou por alguns instantes, como se buscasse inspiração para o caminho a ser tomado. Balançou a cabeça e sentenciou:

– *Não há dúvida de que Célio precisa de ajuda. Mas creio que, no momento, a melhor ajuda, sob o ponto de vista espiritual, será deixá-lo aos cuidados da doença que logo mais se manifestará. Se tivesse algum mérito espiritual, se estivesse cumprindo com os propósitos de sua existência, Célio receberia terapia de socorro e com isso evitaríamos a eclosão do aneurisma que se aproxima. Pelas escolhas que ele fez, porém, acredito que alguns meses num leito talvez falem mais alto do que os conselhos que você, Samuel, tem lhe dado durante todos esses anos.*

As previsões de frei Amâncio se confirmaram. Uma semana depois, Célio sofreu um acidente vascular cerebral, sendo levado à UTI onde permaneceu em estado de coma durante um mês. Samuel não desgrudava um minuto de seu tutelado, transmitindo-lhe energias calmantes e de equilíbrio do sistema circulatório. Célio conseguiu sair do coma, e aos poucos deixou a UTI, graças às duas cirurgias pelas quais passara e ao apoio espiritual que recebera. Embora tivesse recebido alta médica três meses depois do ocorrido, Célio deixou o hospital com algumas seqüelas irreversíveis. Teve o lado esquerdo do corpo paralisado, e isso o obrigou a abandonar por completo a atividade cirúrgica, notadamente a plástica. Sua mão jamais seria a mesma. Sua vida também jamais seria a mesma. Perdera toda a clientela, inclusive a criminosa, e com isso a fama, o dinheiro, o rico consultório, que não teve mais como manter. Certo dia, quando enfrentava forte depressão e abandono, Célio recebe em sua casa a visita de Mariana, trazida pela inspiração de Samuel.

— Doutor Célio, vim aqui visitá-lo, pois fiquei sabendo que o senhor não estava bem.

— Não estou mesmo, Mariana, perdi tudo na minha vida, seria melhor que tivesse morrido — respondeu o médico ainda com alguma dificuldade na fala.

— Doutor, que isso? O senhor estar vivo é o que mais importa. O resto se consegue com trabalho.

— Mas como vou trabalhar?

— Como médico, ora.

— Mas eu não posso mais operar!

— E por acaso médico só faz cirurgia?

— Bem, nunca pensei em clinicar...

— Agora chegou a oportunidade de pensar...

— Eu nunca gostei de ouvir pacientes reclamando. Gosto de cirurgia porque o paciente fica calado...

— O senhor não gosta é de gente, essa é a verdade.

— Não concordo, Mariana. Você sabe. Eu sempre freqüentei muitas festas, vivia rodeado de amigos, colunas sociais...

— Queria se promover. Os outros apenas serviam de escada para os seus interesses pessoais de lucro, fama e poder.

— Você é dura, hein!

— Estou sendo sincera. A vida hoje lhe pede mudanças, doutor.

— Esse é o problema. Onde é que vou arrumar um lugar para trabalhar? Quem vai procurar meus serviços?

— Muita gente.

— Quem? Meus clientes sumiram, certamente já estão nas mãos de outros. Acho que agora somente me restaram os pobres...

— A pobreza material não é nenhum demérito, doutor Célio. O problema é ser pobre de espírito. Tenho certeza de que o senhor se tornaria um homem de muita riqueza espiritual atendendo pessoas que nada lhe poderiam dar do ponto de vista material.

— Você está louca?

— Louco esteve o senhor todo esse tempo que nunca sentiu a satisfação de fazer alguém feliz com a medicina. Porventura o doutor já sentiu alguma alegria ao devolver a saúde a uma criança órfã? Já recebeu um abraço de gratidão de um pai desempregado ao ver o filho liberto de uma grave enfermidade? Por acaso o senhor já tentou minimizar a angústia de alguém que pressente a própria morte chegar? Já sentiu a alegria de um filho ao ver sua mãe voltar para casa depois de passar meses num hospital à beira da morte? Agora me diga, doutor, o senhor estudou medicina para quê? Para ganhar dinheiro? Só isso?

— Parece que sim — respondeu o médico profundamente tocado pelas palavras de Mariana.

— O que o levou à faculdade de medicina?

— Eu queria curar as pessoas e, confesso, queria ficar rico.

— Tudo bem, o problema é que o amigo inverteu a ordem de prioridades. Quis primeiro ficar rico, esquecendo-se, no entanto, que para um médico o essencial é trabalhar arduamente em favor da cura. A remuneração é importante, mas é apenas conseqüência de sua missão bem realizada. O desejo de curar, de minimizar as dores alheias era o propósito de sua vida, doutor, propósito que o senhor acabou esquecendo — falou Mariana fortemente inspirada por Samuel. — Doutor Célio, o senhor esqueceu que a felicidade verdadeira somente pode brotar quando nos realizamos interiormente. De que adiantou todo o dinheiro que teve nas mãos se não foi capaz de realizar o propósito de sua alma? A riqueza não é condenável, desde que ela seja o resultado da realização dos nossos talentos.

Nessas alturas o doutor Célio chorava como criança. Mariana silenciou por instantes deixando que as lágrimas do médico lavassem as camadas de orgulho que encobriam sua visão espiritual. Samuel estava feliz. Pela primeira vez, depois de muitos anos de esforços contínuos, viu que seu tutelado começara a despertar para as realidades transcendentes da vida.

— E agora, o que devo fazer, Mariana, que caminhos ainda me restam depois de tantos desacertos?

— Ora, doutor, recomeçar, retomar os sonhos da juventude e trabalhar pela saúde das pessoas, servi-las com os seus grandes conhecimentos. Não era esse o seu objetivo quando jovem? O senhor é uma pessoa talentosa, vibrante, tenho certeza de que será um ótimo clínico, porque, no fundo, o doutor é um homem maravilhoso, apenas ainda não percebeu isso.

O tempo passou célere. Célio procurou emprego em clínicas famosas. Portas fechadas. Montou o próprio consultório. Nenhum cliente. Rendeu-se, enfim, aos apelos de renovação que a vida lhe trouxera. Seis meses após o encontro de Célio e Mariana, vamos localizar o médico trabalhando num pronto-socorro da periferia de São Paulo, sem muito dinheiro no bolso, mas com uma alegria na alma que jamais sentira em toda a sua vida. Hoje seu nome não é mais visto nas colunas sociais. Hoje seu nome está estampado no coração de seus pacientes. E ele é feliz.

Vale a pena amar

FOI DURANTE A CRISE do sistema aéreo que reencontrei Marisa no aeroporto. Enquanto aviões não subiam nem desciam, seguimos o conselho de nossa ministra do turismo e relaxamos para conversar. Havia muito tempo que não me encontrava com a Marisa, para falar a verdade não nos víamos desde a formatura do colegial (não liguem que sou antigo mesmo). Marisa tornou-se célebre jornalista, não raro leio seus artigos na imprensa. Sempre fomos bons amigos. Eu a admirava porque ela era muito estudiosa, de personalidade forte, líder nata da turma, sempre dava jeito em qualquer enrascada em que nos metíamos. Ela era aquela pessoa bem resolvida, pensava eu. Mas essa impressão desmoronou enquanto conversávamos no saguão do aeroporto.

— Você me parece tão triste, amiga, onde está aquela Marisa de outrora, sempre animada e solícita?

— Ah, De Lucca, acredito que essa mulher morreu ou nunca existiu.

— Mas aconteceu algo? – indaguei, curioso.

— Eu me sinto infeliz, essa é a verdade.

— Mas você é uma pessoa realizada, famosa, faz um excelente trabalho profissional. Sei também que você dirige uma entidade beneficente de auxílio a moradores de rua. Enfim, Marisa, o que lhe falta para ser feliz?

— Nada do que você falou me preenche, De Lucca. É isso que me dá raiva, pois tenho tudo o que sempre sonhei, mas é como se não tivesse nada. Eu vivo me atormentando com novas metas, com mais desempenho e estudo, com mais trabalho material e assistencial, enfim, acho que estou cansada de tudo. Não tenho sossego, sinto-me sempre em débito com algo que não sei bem o que é. Não me permito um minuto sequer de descanso. Sempre estou me cobrando para fazer alguma coisa, pois acho que preciso ser melhor do que sou.

— Você quer ser mais porque se sente menos, minha amiga.

— Como assim? – questionou Marisa, interessada.

— Somos guiados na vida pela imagem que fazemos de nós mesmos. Você tem uma fome exagerada de realizar porque tem uma carência de sentir.

— De Lucca, sentir o quê?

— Sentir amor. Você tem fome de amor.

— Mas eu procuro fazer tudo com amor, meu amigo.

— Diria que faz tudo com orgulho...

— Não posso acreditar no que está me dizendo. Está me chamando de orgulhosa? Confesso que prefiro o "De Lucca" dos livros, é mais gentil...

— Não se ofenda, Marisa. Para confortar o seu coração, confesso que também sou orgulhoso, talvez até mais do que você. Aliás, você, eu e os seis bilhões de habitantes do planeta padecemos da mesma enfermidade. O orgulho é o maior obstáculo à felicidade. Por isso você, mesmo fazendo tanta coisa boa, ainda se sente infeliz. Eu sei, por exemplo, que você é uma leitora voraz. Diga-me, assim, que prazer você tem ao ler um livro?

— A leitura me faz uma pessoa mais inteligente...

— Você não lê pelo prazer da leitura, mas pela possibilidade de saber mais do que os outros e assim se colocar numa posição superior a eles. Você não se envolve com as emoções que o livro desperta, não participa das reflexões que o autor provoca. Você apenas devora o livro para rechear sua vaidade intelectual com novas informações. Eis uma ponta do orgulho. Você idealizou uma imagem de superioridade intelectual e precisa nutrir essa personagem com livros e mais livros.

— Nem posso acreditar no que está me dizendo, De Lucca. Será que o avião vai demorar tanto assim? Não sei se agüento mais um minuto de conversa.

– Não é fácil lidar com o orgulho. Até mesmo os gestos mais caridosos podem estar cheios de vaidade.

– Não vá me dizer que também sou uma caridosa orgulhosa, vai?

– Acabei de dizer.

– Você quer me destruir, não?

– Não seria má idéia detonar um pouco dos seus monumentos orgulhosos. Responda-me, Marisa, o que sente quando se envolve com os moradores de rua?

– Bem, eu propriamente não lido diretamente com eles, apenas organizo os grupos, represento a instituição perante os poderes públicos...

– E sai dando entrevista na televisão contando o auxílio que a instituição presta, auxílio este que você mesma nunca se permitiu oferecer, não é? Diga-me, amiga, quando foi a última vez que olhou nos olhos de um morador de rua? Quando foi que silenciou o seu conhecimento para ouvir a sabedoria das pessoas simples e humildes de coração? Nunca achou que elas poderiam lhe ensinar algo, não é verdade? Você se envolveu no trabalho assistencial para mostrar aos outros que era uma pessoa boa. Novamente o orgulho, minha cara, o sentimento de inferioridade que a acompanha desde pequena.

– De Lucca, o orgulho não é um sentimento de superioridade?

– A falsa idéia de superioridade é o efeito. Porque nos sentíamos inferiores, construímos uma personalidade de alguém superior. Você sempre se sentiu menos, por isso faz tanto para se sentir mais. É uma espécie de compensação.

— Como se cura isso, meu amigo? Eu não agüento mais viver assim.

— Jesus de Nazaré prescreveu o remédio: "Bem-aventurados os humildes". A humildade é um sentimento que nos ajuda a reconhecer nossas virtudes e fraquezas. Modesto é o homem que sabe dos seus potenciais e reconhece seus limites. E ama a si mesmo, do jeito que é, com toda a sua luz, com toda a sua sombra. A humildade nos iguala a todas as demais pessoas, não nos sentimos inferiores, tampouco superiores a quem quer que seja. Somos apenas diferentes, perfeitos dentro da própria imperfeição. Quando sou humilde, não preciso aparentar o que não sou, por isso não preciso fingir, não preciso criar máscaras, não preciso fazer pose para os outros. Eu me amo como sou, reconheço toda a minha força e toda a minha fraqueza, admito todo o meu saber e toda a minha ignorância, constato toda a minha riqueza e toda a minha miséria.

Marisa parecia tocada por emoções diferentes. Sua face tornou-se mais suave, tirou a máscara da mulher forte e realizada, abrindo seu coração de menina:

— Nunca acreditei que eu devesse me amar; aliás, sempre me achei uma pessoa desprezível. Sabe, De Lucca, vou lhe contar um segredo guardado a sete chaves. Nunca me considerei uma mulher bonita ou portadora de atrativos capazes de provocar admiração nos homens. Minha mãe me disse certa feita que eu somente conquistaria um homem pela inteligência e pelo caráter, porque eu não era do tipo de chamar a atenção pelos dotes corporais. Lembro direitinho de suas palavras: "Minha filha, a natureza não foi generosa com você, não lhe deu os atributos que os homens apreciam, por isso você deve compensar tudo isso com predicados morais e intelectuais".

— E você se tornou o "patinho feio", não é?

— Exatamente, como é que eu poderia me amar se nem minha mãe gostava de mim? – argumentou Marisa com visível emoção.

— Nesse momento nasceu o orgulho, uma forma de defesa para se livrar do sentimento de menos valia. Você se sentiu inferior às demais mulheres, por isso idealizou a imagem da mulher-maravilha, inteligente, realizadora, famosa.

— E como a humildade pode me ajudar nesse caso?

— A humildade traz leveza na alma, ela retira a venda do orgulho para que nossos olhos sejam capazes de enxergar o amor. Você já é, e sempre foi, uma pessoa amorosa e iluminada, apenas não acreditava nisso. Achou que precisa provar a si mesma que tinha valor, que era digna de ser amada. Jogue fora todo esse negativismo, minha amiga, você já é o amor manifestado. Não compare a sua beleza com a de outras mulheres, isso é ridículo. Cada um tem a beleza que cultiva no espírito. O que de fato torna uma pessoa bela é a sua energia, seu astral, seu amor e humor, seu jeito único de ser. O resto é só um conjunto de ossos e músculos que o tempo se encarregará de transformar. Ninguém ainda inventou bisturi contra o tempo e a morte.

— Será que algum homem ainda poderá se apaixonar por mim?

— Claro, Marisa, desde que você se torne uma pessoa apaixonante.

— Cadê a receita, amigo?

— Simples. Primeiro, que tal um pouco de humildade? Relaxe, seja você mesma, aceitando-se. Isso a tornará uma pessoa agradável que as pessoas gostarão de ter por perto. Depois, ame-se, goste de você, goste a tal ponto de não precisar da companhia de ninguém. Quando você estiver bem consigo mesma, quando não houver mais carências interiores, quando parar de procurar o amor, eis que o amor chega até você, assim como as borboletas procuram as flores perfumadas.

O sistema de alto-falante anunciou o vôo de Marisa. Ela se despediu com um carinhoso abraço de gratidão. Seus olhos marejados de lágrimas me deixaram a impressão de que o amor havia renascido das cinzas do orgulho. Eu também chorei de emoção.

Se você gostou deste livro, o que acha de fazer com que outras pessoas venham a conhecê-lo também? Poderia comentá-lo com aquelas do seu relacionamento, dar de presente a alguém que talvez esteja precisando ou até mesmo emprestar àquele que não tem condições de comprá-lo. O importante é a divulgação da boa leitura, principalmente a da literatura espírita. Entre nessa corrente!

JOSÉ CARLOS DE LUCCA
AUTOR COM MAIS DE **1 MILHÃO** DE LIVROS VENDIDOS

ATITUDES PARA VENCER
Desenvolvimento Pessoal
Páginas: 128 | 14x21 cm
Se você está em busca do sucesso, encontrou o livro capaz de ajudá-lo a vencer. O autor explica, na prática, o que devemos ou não fazer. Quer vencer na vida? Vá ao encontro do sucesso, seguindo as recomendações dessa obra.

VALE A PENA AMAR
Autoajuda | Páginas: 168
14x21 cm
Em cada capítulo dessa obra descobrimos que está ao nosso alcance vencer as aflições, a dor e a desilusão. Páginas restauradoras do ânimo e da esperança, fortificam o espírito e despertam forças que precisamos ter para alcançar o sucesso!

COM OS OLHOS DO CORAÇÃO
Família | Páginas: 192
16x23 cm
A felicidade no lar está ao nosso alcance. Para obtê-la, é necessário enxergar nossos familiares com "Com os olhos do coração". Veja o que é possível fazer para encontrar a paz entre os que a divina providência escalou para o seu convívio familiar.

FORÇA ESPIRITUAL
Autoajuda | Páginas: 160
16x23 cm
Todos nós merecemos ser felizes! O primeiro passo para isso é descobrir por que estamos sofrendo. Seja qual for o caso, nada ocorre por acaso.
Aqui encontramos sugestões para despertar a força espiritual necessária para vencer as dificuldades.

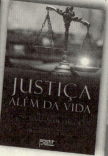

SEM MEDO DE SER FELIZ
Dissertações | Páginas: 192
14x21 cm
Em todos os tempos, o homem buscou a felicidade. Mas que felicidade é essa? O encontro de um grande amor, a conquista de riqueza, de saúde? Este livro nos mostra que a felicidade está perto de nós, mas para alcançá-la, precisamos nos conhecer.

PARA O DIA NASCER FELIZ
Autoajuda | Páginas: 192
14x21 cm
Encontrar a verdadeira felicidade requer mudança da nossa atitude perante a vida - o pensamento positivo, a aproximação com Deus... Para o dia nascer feliz, é só abrir uma dessas páginas e seguir em frente, na certeza de que o melhor está por vir.

JUSTIÇA ALÉM DA VIDA
Romance | Páginas: 304
14x21 cm
Numa história fascinante são relatados os mecanismos da justiça à luz da espiritualidade. O autor descreve o ambiente dos tribunais do ponto de vista espiritual. Uma amostra de como os caminhos escolhidos podem delinear a felicidade ou o sofrimento do amanhã!

OLHO MÁGICO
Autoajuda | Páginas: 160
14x21 cm
Leitura fácil e envolvente, revela histórias e pensamentos que servem para refletirmos sobre novas soluções para nossas dificuldades. Para o autor, a felicidade está ao alcance de todos, basta apenas descobri-la em nossos corações.

www.petit.com.br

CRISTINA CENSON

LANÇAMENTO

A CASA DAS MIL PALAVRAS
Médium: Cristina Censon | Ditado por: Daniel | Romance | Páginas: 416 | 16x23 cm

Uma casa que abriga mil palavras, mil emoções, mil segredos... De geração em geração, eventos drásticos, apaixonantes e surpreendentes se sucederam em uma casa suntuosa, construída por dois irmãos que vieram da França para o Brasil a fim de tentar novas oportunidades. Em tempos mais recentes, quis o destino que Sophie, uma jornalista francesa que pertencia à última geração da família Busson-Carvalhal, proprietária dessa mansão, viesse ao Brasil para uma visita que marcaria todos os seus familiares: Lucille, irmã de sua avó; Bertrand, um habitante do mundo espiritual torturado pelos próprios erros; Madalena, fiel amiga; Gilles e seus dois filhos, Philipe e Hector. Em uma jornada de ódio, amor e descobertas, A Casa das Mil Palavras reunirá sob seu teto pessoas que aprenderão, mais que desvelar o passado, os ensinamentos espirituais necessários para viver um futuro de alegria e paz.

A LUZ QUE VEM DO CORAÇÃO
Médium: Cristina Censon
Ditado por: Daniel
Romance | Páginas: 424
16x23 cm

TEMPO DE DESPERTAR
Médium: Cristina Censon
Ditado por: Daniel
Romance | Páginas: 400
16x23 cm

REESCREVENDO HISTÓRIAS
Médium: Cristina Censon
Ditado por: Daniel
Romance | Páginas: 352
16x23 cm

PELOS CAMINHOS DA VIDA
Médium: Cristina Censon
Ditado por: Daniel
Romance | Páginas: 384
16x23 cm

SEGUINDO EM FRENTE
Médium: Cristina Censon
Ditado por: Daniel
Romance | Páginas: 328
16x23 cm

VERA LÚCIA MARINZECK DE CARVALHO

O que eles perderam
Romance | 16x23 cm | 256 páginas

Esse livro nasceu do trabalho de uma equipe do plano espiritual que participou de alguns casos de obsessão. O que pensam e sentem aqueles que querem se vingar? E o obsediado? A vítima naquele momento. Será que é só uma questão de contexto? Esta leitura ora nos leva a sentir as emoções do obsessor ora as dores do obsediado. Por um tempo, ambos, obsessor e obsediado, estiveram unidos. E o que eles perderam? Para saber, terão de ler esta preciosa obra.

Copos que andam
Romance | Páginas: 200
16x23 cm

Por que comigo?
Romance | Páginas: 208
16x23 cm

O sonâmbulo
Romance | Páginas: 160
14x21 cm

Muitos são os chamados
Romance| Páginas: 192
14x21 cm

Novamente juntos
Romance | Páginas: 264
16x23 cm

www.petit.com.br

DITADO PELO ESPÍRITO ANTÔNIO CARLOS

Histórias do passado
Romance | 16x23 cm
240 páginas

A casa do bosque
Romance | Páginas: 202
14x21 cm

A casa do penhasco
Romance | Páginas: 168
14x21 cm

O céu pode esperar
Romance | Páginas: 192
14x21 cm

O que encontrei do outro lado da vida
ditado por: Espíritos Diversos
Romance | Páginas: 192
14x21 cm

Reflexos do passado
Romance| Páginas: 192
14x21 cm

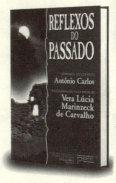

Filho adotivo
Romance | Páginas: 208
16x23 cm

A mansão da pedra torta
Romance| Páginas: 192
16x23 cm

Aqueles que amam
Romance | Páginas: 192
14x21 cm

VERA LÚCIA MARINZECK DE CARVALHO

Cativos e libertos
Romance | Páginas: 288
16x23 cm

Entrevistas com os espíritos
Vida no além | Páginas: 270
14x21 cm

Sonhos de liberdade
Vida no Além | Páginas: 256
14x21 cm

O último jantar
Romance | Páginas: 220
16x23 cm

O jardim das rosas
Romance | Páginas: 192
16x23 cm

Ah, se eu pudesse voltar no tempo!
Romance| Páginas: 192
16x23 cm

O difícil caminho das drogas
ditado por Rosangela
Narrativa | Páginas: 208
14x21 cm

Histórias maravilhosas da espiritualidade
Romance | Páginas: 160
14x21 cm

Cabocla
ditado por: Jussara
Romance | Páginas: 184
14x21 cm

www.petit.com.br | 17 3531.4444 | atendimento@petit.com.br

DITADO PELO ESPÍRITO ANTÔNIO CARLOS

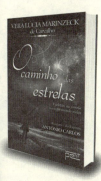

O caminho das estrelas
Romance | Páginas: 256
16x23 cm

O ateu
Romance | Páginas: 240
14x21 cm

O Castelo dos sonhos
Romance | Páginas: 232
14x21 cm

O cravo na lapela
Romance | Páginas: 252
14x21 cm

Flores de Maria
Romance | Páginas: 224
16x23 cm

A gruta das orquídeas
Romance | Páginas: 416
16x23 cm

Morri! e agora?
Romance | Páginas: 224
14x21 cm

Palco das encarnações
Romance | Páginas: 160
14x21 cm

Reconciliação
Romance | Páginas: 304
16x23 cm

   www.petit.com.br

Av Porto Ferreira, 1031 - Parque Iracema
CEP 15809-020 – Catanduva-SP
Fone: 17 3531.4444

www.petit.com.br | petit@petit.com.br